13位企业家亲授创业心法

《创新者》栏目组

—————
编著

本书汇集了13个中国优秀创新企业的商业案例，涵盖了互联网、家电、医药、服装、商业、教育培训、食品饮料等各行业。从管理创新、技术创新到理念创新、商业模式创新，从模仿到跟随、超越、引领，13位成功企业家亲述他们的创业心法和创新之道。13个堪称传奇的创业故事，全貌呈现这些成功企业的创新历程，细致复盘了13位企业家在发展关键节点的突破性思维和独创性举措，无论身处哪个行业的创业者或从业者，都可以从书中窥见行业标杆的创新密码和路径，行业前沿的创新观点和思路。这是13堂生动的创新管理课程，可以教会并鼓舞创业者或从业者去勇于探索未知，开创未来，牢牢把握住企业转型升级、高质量发展的未来方向。

图书在版编目（CIP）数据

创新者：13位企业家亲授创业心法 /《创新者》栏目组编著. — 北京：机械工业出版社，2021.4
ISBN 978-7-111-67801-4

Ⅰ.①创⋯ Ⅱ.①创⋯ Ⅲ.①创业 – 案例 – 中国 Ⅳ.① F249.214

中国版本图书馆CIP数据核字（2021）第050831号

机械工业出版社（北京市百万庄大街22号　邮政编码100037）
策划编辑：曹雅君　　　责任编辑：曹雅君　蔡欣欣
责任校对：郭明磊　　　责任印制：李　昂
北京联兴盛业印刷股份有限公司印刷

2021年12月第1版第1次印刷
148mm×210mm・9.75印张・5插页・262千字
标准书号：ISBN 978-7-111-67801-4
定价：69.00元

电话服务　　　　　　　　　　网络服务
客服电话：010-88361066　　　机　工　官　网：www.cmpbook.com
　　　　　010-88379833　　　机　工　官　博：weibo.com/cmp1952
　　　　　010-68326294　　　金　书　网：www.golden-book.com
封底无防伪标均为盗版　　　机工教育服务网：www.cmpedu.com

本书寄语

《创新者》栏目为全国创新者鼓劲！必为祖国的繁荣富强做出贡献！
——娃哈哈集团董事长　　　　　　　　　　　　　　　　宗庆后

创新就是对过去的挑战。
——新希望集团董事长　　　　　　　　　　　　　　　　刘永好

创新就是挑战，创新就是自我的成长！
——格力电器董事长　　　　　　　　　　　　　　　　　董明珠

创新者是推动世界进步和发展的主要力量！
——新东方教育科技集团董事长　　　　　　　　　　　　俞敏洪

祝愿《创新者》节目推动中国创新创业文化。
——360集团董事长　　　　　　　　　　　　　　　　　周鸿祎

成为创新领域传播的领军者。
——青岛啤酒集团董事长　　　　　　　　　　　　　　　黄克兴

让每一个人都成为CEO。
——海尔集团创始人　　　　　　　　　　　　　　　　　张瑞敏

创新是永远引领企业发展的灯塔。
——扬子江药业集团董事长　　　　　　　　　　　　　徐镜人

创新就是做别人还没有做的事情。
——TCL 创始人、董事长　　　　　　　　　　　　　　李东生

创新是企业顺应市场、得以发展所必需的。
——春秋集团董事长　　　　　　　　　　　　　　　　王正华

只有匠心，才能创新。
——红星美凯龙集团董事长　　　　　　　　　　　　　车建新

要么创新，要么平庸。
——秦朔朋友圈发起人　　　　　　　　　　　　　　　秦　朔

创新引领未来！
——北京大学国发院 BiMBA 商学院院长　　　　　　　陈春花

以人为本的创新，是中国企业最需要加强的！
——《财经》杂志执行主编　　　　　　　　　　　　　何　刚

创新者，因为相信，而让世界看见
——阿里巴巴产业互联网研究中心主任　　　　　　　　陈威如

做引领时代的创新者！
——《中国企业家》杂志社社长　　　　　　　　　　　何振红

创新就是改变。
——复旦大学经济学院院长　　　　　　　　　　　　　张　军

创新精神是企业发展的永恒动力。
——长江商学院副院长、战略学教授　　　　　　　　**滕斌圣**

只有创新才是企业发展的永恒动力。
——中欧国际工商学院市场营销学教授　　　　　　　**王　高**

创造者生，求变者存。
——中央电视台品牌顾问　　　　　　　　　　　　　**李光斗**

失败是成功之母，成功同样是失败之母。昨天的成功有可能成为今天的失败。
——上海交通大学中国企业发展研究院院长　　　　　**余明阳**

创新是创新者的通行证。
——央视财经评论员　　　　　　　　　　　　　　　**张春蔚**

前　言

创新的历史，就是人类的历史。使用火，直立行走，抽象思考，共同协作，饲养家畜，制作工具……人类通过创新的方式不断进化，创造着崭新的历史。

从农业文明到海洋文明，再到商业文明，企业家逐渐成为创新的主角。大国的崛起，是公司的崛起，而公司的崛起，是企业家创新精神的崛起。中国改革开放 40 多年来，企业家的创新精神始终与时代脉搏互动，并一直在推动着经济和社会的转型与发展。

2019 年，由深圳卫视与绮纭传媒联合出品的大型季播高端访谈纪录片《创新者》问世了。节目甄选了自改革开放以来中国最具创新代表性的 13 位各行业领军人物，向全球观众展示中国企业的创新案例和中国企业家的创新精神，探寻背后的创新法则，展望未来的创新之路。与此同时，也邀请到秦朔朋友圈发起人秦朔、《财经》杂志执行主编何刚、北京大学国家发展研究院 BiMBA 商学院院长陈春花等众多著名的专家学者，用更专业的视角为观众解析创新背后的秘密。

第一季节目获得热播，并吸引了《彭博商业周刊》中文版、《哈佛商业评论》等主流财经杂志的文字转载。唯一遗憾的是，30 分钟一期的电视节目因时间所限，创新企业家很多更深层次的创新言论和创新思想，不能完整地在电视节目中呈现。应广大观众的要求，包括财经作家武斌老师和节目制片人及主持人陈姝婷在内的《创新者》栏目主创人员，在第一时间将13位创新企业家的创新之道及专家学者的创新解决方案在文字上重新编排梳理，进一步完善和升华内容，并增加了创新者画像、创新者绝招、创新者论道等新板块，汇集成一本"创新宝典"，希望能将这些最新的创新理论、创新方法分享给更多的人，帮助我们发现创新，探索创新。

你能看见多久的历史，就能看见多远的未来。

未来已来。未来属于创新者。

海尔的换道超车，格力电器的智能装备制造，新希望的智能农业，雅戈尔工业互联网的私人定制，青岛啤酒的一键到家，360的安全智慧大脑，红星美凯龙的新零售平台，娃哈哈的新消费赛跑，扬子江药业的中药强国梦，新东方的破境重生，高德红外的科技双剑，TCL勇争全球第一的国际化之路。中国企业正在接过全球创新的旗帜，引领创新的方向。

星星之火，可以燎原。希望《创新者》能够点起创新的星星之火，让更多企业舞动创新的飞轮，走向未来。

编者

目　录

本书寄语
前　言

第 1 章 宗庆后

中国企业创新的四个阶段

创新者主持人手记 /002

创新者画像 /005

创新者绝招 /005

创新者论道 /005

　　跟进创新——发展初期的快车道 /006

　　引进创新——发展模式的升级 /013

　　自主创新——继续领跑的动力 /015

　　全面创新——打开未来的方式 /018

创新解决方案 /020

　　陈春花　北京大学国家发展研究院 BiMBA 商学院院长 /020

　　陈威如　阿里巴巴产业互联网研究中心主任 /021

　　李光斗　中央电视台品牌顾问 /022

第 2 章　刘永好
创新孕育新希望

创新者主持人手记 /024

创新者画像 /027

创新者绝招 /027

创新者论道 /027

　　短缺经济时代的创新：敢为天下先 /028

　　供需平衡阶段的创新：整合创新 /032

　　未来创新：科技赋能创新农业现代化 /038

　　开创蓝海打造"绿领" /040

创新解决方案 /043

　　何　刚　　《财经》杂志执行主编 /043

　　秦　朔　　秦朔朋友圈发起人 /043

　　王　高　　中欧国际工商学院市场营销学教授 /043

　　滕斌圣　　长江商学院副院长、战略学教授 /044

第 3 章　董明珠
塑造企业的创新基因

创新者主持人手记 /046

创新者画像 /051

创新者绝招 /051

创新者论道 /051

　　格力独特创新基因一：技术和营销的双簧奏 /052

　　格力独特创新基因二：情怀和使命相结合 /057

　　格力独特创新基因三：刚柔并济，恩威并施 /062

格力独特创新基因四：左手变革，右手资本 /066

创新解决方案 /070

  陈春花 北京大学国家发展研究院 BiMBA 商学院院长 /070

  陈威如 阿里巴巴产业互联网研究中心主任 /070

  李光斗 中央电视台品牌顾问 /071

第 4 章 创新的三种境界和三个关键词
俞敏洪

创新者主持人手记 /074

创新者画像 /078

创新者绝招 /079

创新者论道 /079

  创新的第一个境界 /079

  创新的第二个境界 /085

  创新的第三个境界 /088

创新解决方案 /095

  陈春花 北京大学国家发展研究院 BiMBA 商学院院长 /095

  李光斗 中央电视台品牌顾问 /096

第 5 章 在颠覆中创新
周鸿祎

创新者主持人手记 /098

创新者画像 /101

创新者绝招 /101

创新者论道 /101

"招安"——颠覆自我定位 /103

免费——颠覆商业模式 /105

执念——颠覆体验 /106

未来的创新：安全大脑 /108

创新解决方案 /116

秦　朔　　秦朔朋友圈发起人 /116

何振红　　《中国企业家》杂志社社长 /116

余明阳　　上海交通大学中国企业发展研究院院长 /117

第6章 百年企业长寿又年轻的密码
黄克兴

创新者主持人手记 /120

创新者画像 /123

创新者绝招 /123

创新者论道 /123

青岛啤酒的创新路径 /124

企业长寿又年轻的密码 /127

从百年老牌向百年潮牌的跨越 /128

未来创新引领消费升级 /137

创新解决方案 /139

秦　朔　　秦朔朋友圈发起人 /139

何振红　　《中国企业家》杂志社社长 /139

余明阳　　上海交通大学中国企业发展研究院院长 /139

第 7 章 创新革命：中国企业的换道超车

张瑞敏

创新者主持人手记 /142

创新者画像 /146

创新者绝招 /146

创新者论道 /146

　　创新之经典篇 /147

　　创新之革命篇 /152

创新解决方案 /162

　　秦　朔　　秦朔朋友圈发起人 /162
　　何　刚　　《财经》杂志执行主编 /163
　　王　高　　中欧国际工商学院市场营销学教授 /163
　　滕斌圣　　长江商学院副院长、战略学教授 /164

第 8 章 创新，迎接中药智能制造的新时代

徐镜人

创新者主持人手记 /166

创新者画像 /170

创新者绝招 /170

创新者论道 /170

　　挖掘中医宝藏传统与现代结合的创新 /170

　　半军事化的管理创新 /175

　　中药智能制造的新时代 /177

创新解决方案 /185

秦　朔　　秦朔朋友圈发起人 /185

何振红　　《中国企业家》杂志社社长 /185

余明阳　　上海交通大学中国企业发展研究院院长 /186

第 9 章 李如成

工业互联网下的智能造变夕阳为朝阳

创新者主持人手记 /188

创新者画像 /191

创新者绝招 /191

创新者论道 /191

　　四十不惑 创新的时光机 /191

　　从服装品牌到多元化集团 /197

　　从三驾马车回归一马当先 /200

创新解决方案 /206

　　秦　朔　　秦朔朋友圈发起人 /206

　　吴　声　　场景实验室创始人 /206

　　何　刚　　《财经》杂志执行主编 /206

第 10 章 李东生

一部中国家电业创新的教科书

创新者主持人手记 /210

创新者画像 /212

创新者绝招 /212

创新者论道 /212

家电行业的大时代 /213

中国家电业国际化创新的探索 /215

传统家电业创新转型的路径 /221

创新解决方案 /227

张　军　　复旦大学经济学院院长 /227

王　高　　中欧国际工商学院市场营销学教授 /228

张春蔚　　央视财经评论员 /228

第11章　民营航空蓝天梦的蓝海创新

王正华

创新者主持人手记 /230

创新者画像 /234

创新者绝招 /234

创新者论道 /234

蓝天梦的探索与创新 /235

创新的左翼——成本控制 /239

创新的右翼——科技创新 /245

创新解决方案 /248

张春蔚　　央视财经评论员 /248

王　高　　中欧国际工商学院市场营销学教授 /248

张　军　　复旦大学经济学院院长 /249

第12章　新零售平台 "富二代"的商业模式创新

车建新

创新者主持人手记 /252

创新者画像 /255

创新者绝招 /256

创新者论道 /256

"车式"创新方法论 /256

线下模式的创新——"商场之王"的三大创新 九次迭代 /257

线上模式的创新——家居行业的新零售平台 /261

"富二代"的匠心与创新 /264

创新解决方案 /270

何　刚　《财经》杂志执行主编 /270

秦　朔　秦朔朋友圈发起人 /271

吴　声　场景实验室创始人 /271

第13章 硬科技创新 打造中国红外芯

黄　立

创新者主持人手记 /274

创新者画像 /277

创新者绝招 /277

创新者论道 /277

从创业到创新 /278

创新的三场战役 /281

创新的个人梦、团队梦、国家梦 /290

创新解决方案 /292

秦　朔　秦朔朋友圈发起人 /292

钱　军　复旦大学泛海国际金融学院院长 /292

何　刚　《财经》杂志执行主编 /293

第 1 章

中国企业创新的四个阶段

> 企业家没有真正的成功，他应该永远在路上。
> ——宗庆后

创新者主持人手记

我来到风景如画的杭州，到娃哈哈总部采访企业家宗庆后。进入这座风格简朴的大楼，宗总已经在那里等候。一如既往如之前在媒体上简朴的形象，宗总穿一双布鞋，言谈举止谦虚温厚，十分亲切。

宗总带我在一楼参观娃哈哈的企业历史纪念物品。

然后我们进入娃哈哈的"中央指挥部"——宗总的办公室。办公室里有一个使用了很多年的旧沙发，印象最深的是那占满一整面墙的书柜。书柜里摆放了一沓沓传说中的地图，那是很多市县和城乡的详细地图，宗总对这些地方如数家珍，那些市县和城乡，都是他用脚步丈量过的地方。他说在他的创业历程中曾"用脚步丈量中国"。

有一面柜子陈列着娃哈哈历年来的饮料产品，宗总对公司的销售数据很敏感，倒背如流。

言谈当中，一提到女儿宗总就开心，忍不住夸奖。办公室里还有一个小的会议桌，宗总说这张桌子很重要，他每天就和管理层在这里开会。

在访谈过程中，我能感受到企业家宗庆后身上的勤奋和简朴，务实和专注，还有乐观和幽默以及年轻的心态，这些闪光点构成了我对他的独特印象。

第 1 章 中国企业创新的四个阶段
宗庆后

创新者画像

宗庆后，1945 年 11 月 16 日出生，浙江杭州人。娃哈哈集团创始人。42 岁骑三轮车到处送货，65 岁荣登中国首富宝座，一砖一瓦搭建起娃哈哈这座饮料王国。32 年的创业路，造就了一棵饮料业的常青树。如今，这位 75 岁的老帅，依然活跃在商业舞台，他的观念、思想不老，他的创新永无止境。已三十而立的娃哈哈，和他的名字一样，还是具有孩童般的朝气蓬勃。

创新者绝招

深耕一线，聚焦下沉市场，以渠道带产品，以"农村包围城市"。

创新者论道

著名语言学家季羡林曾在他的名篇《八十抒怀》中这样表达对人生的感悟："在这一条十分漫长的路上，我走过阳关大道，也走过独木小桥，路旁有深山大泽，也有平坡宜人；有杏花春雨，也有塞北秋风；有山重水复，也有柳暗花明；有迷途知返，也有绝处逢生。"

企业的创新之路，何尝不是如此呢？娃哈哈在 32 年的创新求索之中，走过了哪些阳关大道和独木小桥？又经历了哪些柳暗花明与绝处逢生？

陈姝婷：您认为什么是创新？

宗庆后：做了前人没有做的事情就是创新。

陈姝婷：什么是成功？什么是一个企业家真正的成功？

宗庆后：企业家没有真正的成功，他应该永远在路上。如果稍微停顿下来，他肯定就落伍了。

陈姝婷：您认为什么是企业家精神？

宗庆后：应该说有坚韧不拔的创新精神，也要履行社会责任。

陈姝婷：在娃哈哈32年的发展历程当中，您认为有哪些重要的创新变革的节点？

宗庆后：我们的创新经历过跟进创新、引进创新，到最后自主创新。

改革开放四十余年来，中国各产业的发展取得的成就有目共睹。中国的产业演变大体经历了三个阶段：第一阶段，从改革开放到20世纪90年代初，是中国各产业从无到有的新生、创造、起步阶段；第二阶段，从1992—2010年前后，是产业发展的追赶期和加速期；第三阶段，从2010年前后到现在，是通过创新驱动产业转型升级的阶段。

三个发展阶段下，中国各行各业的创新企业都演绎了从破茧到蝶变的完美风暴。娃哈哈走过的跟进创新、引进创新、自主创新三个阶段，也正是中国食品饮料企业从创造，到追赶，到创新引领的一个发展缩影。

跟进创新——发展初期的快车道

有人用"四个千万"概括浙商精神：走遍千山万水，历尽千辛万苦，道出千言万语，想出千方万法。

16岁初中毕业那年,迫于家境困窘,身为长子的宗庆后到条件艰苦的农场务工,几年后又来到绍兴的一个茶场。1979年,宗庆后才回到阔别多年的故乡杭州,在一所学校当校工。

艰苦的岁月,造就了宗庆后坚毅的性格和思变的强烈渴望。1986年,国务院提出了推行多种形式的经营承包责任制,给经营者以充分的经营自主权。宗庆后的人生迎来转机。1987年,已经42岁的他,用借来的14万元承包了校办企业的经销部,代销汽水、棒冰及文具,拉着黄鱼车到处送货。那一年,宗庆后亲手把娃哈哈"杭州市上城区校办企业经销部"的招牌挂在了清泰街的小楼前,娃哈哈呱呱坠地了。

陈姝婷: 这栋楼已经有30多年的历史了,这里是娃哈哈发起的地方。

宗庆后: 对,创业初期在这里。满满的回忆。

陈姝婷: 您当时如何有勇气借14万元来承包一家并不盈利的校办工厂?

宗庆后: 实际上我在这之前也做了几年生意,山南海北地跑了很多地方,比如我们浙江丝绸被面很畅销,生产丝绸被面的原料蚕丝浙江的不够,四川也是生产蚕丝的,但那时不像现在信息那么通畅,蚕丝在四川卖不掉,我就把四川的收来卖到浙江,赚个差价,帮校办工厂赚了钱,所以实际上是已经有一定的基础。当时这个校办企业的老师不懂做生意,所以是亏本的,我还能给他赚钱,他就任命我担任校办企业监察部经理。早期的校办企业,一年利润就几千元钱,我说我给你十万元,结果第一年我就挣了22万元,大大超过了成本。

在拥有了一定的渠道资源之后,宗庆后就琢磨着要开发自己的产品。在送货的过程中,他发现孩子食欲不振、营养不良是让很多家长最头痛的问题。市面上还没有一款营养口服液产品是专门针对儿童的。他决定专门开发儿童营养液。于是到浙江医科大学找到专门研究儿童偏食、挑食、厌食和营养不良问题的浙江医科大学医学营养系的教授朱寿民,请求他出面主持营养液的研发工作。娃哈哈营养液提出"喝了娃哈哈,吃饭就是香"的营销概念,打开了一片市场的处女地,赚得第一桶金。

陈姝婷:1991年的时候,你们兼并了杭州罐头厂,开创了当时国内校办企业兼并国有企业的先河,为何有这种创新的举措?

宗庆后:我们做的营养液供不应求,急需扩大生产,想征地造厂房,可人家认为我们校办厂是暴发户,昙花一现,很快就会没有了,所以很长时间都没有批下来。刚好杭州罐头厂的工人一直没活干,而且厂子已经资不抵债了。市里领导找到我们,叫我们去兼并罐头厂,当时我就答应了。但是他们的工人反对,因为感到没面子,你一个校办厂来收购我们国营大厂?我对他们说,这不是谁大谁小的问题,你没活干,也没有产品,发不出工资,尽管我们的人没你们厂那么多,但是我们的产品供不应求,我们工人的奖金就有七八十元钱一个月,你们来了以后,跟我们的职工待遇一样!他们就同意了。

陈姝婷:仅有140余名员工的娃哈哈,兼并了有2200名职工的杭州罐头厂,小鱼吃大鱼?

宗庆后:我们花8000万元兼并收购罐头厂,虽然看起来吃亏,但是从那以后,娃哈哈就走上了规模经济的道路,就成了娃哈哈集团公司。

创新点睛

中国民营企业起跑的第一次集体发力,受益于消除"所有制鸿沟"带来的能量释放。校办企业兼并国有企业在国内尚未有先例,存在一定的政策、舆论风险。宗庆后顶着巨大的风险和压力,开了全国先例,这是中国企业在所有制改革创新上做出的一个大胆尝试。

饮料行业属于最为传统的行业,也是一个完全竞争的行业,这里历来都是群雄逐鹿的江湖。20世纪七八十年代,中国饮料行业的产业化发展初现端倪,有可口可乐、百事可乐两强对立,有北京北冰洋、青岛崂山、上海正广和等传统八大汽水厂各自雄霸一方,也有被誉为"中国魔水"的健力宝异军突起。

陈姝婷:20世纪80年代的时候,中国饮料市场有类似于北冰洋这样的著名品牌,也有可口可乐这样的国外品牌,娃哈哈为何能在创立之初就在市场站稳脚跟呢?

宗庆后:我们一开始做的是营养液,还没做饮料,我们看到了饮料市场的竞争太激烈。可口可乐和百事可乐进军中国市场的时候,叫水淹七军,中国的八大饮料厂,七个都被冲垮了。还剩下的一个叫天府可乐,最后也被百事可乐收购了。

陈姝婷:娃哈哈刚进入市场的时候,精准定位为营养液,从一个更加细分的品类切入,成功避开了饮料大战。后面又有什么新产品跟进呢?

宗庆后:兼并了罐头厂之后,光是做营养液不需要那么多员工,所以我们又开发了果奶,就是牛奶加果汁,因为有的小孩子对牛奶有抵触情绪,不愿意喝,加了果汁以后,小孩子就比较愿意喝了。

陈姝婷：当时有一句风靡全国的广告语，叫"妈妈，我要喝"，成为许多人儿时的回忆。这句话是您做的营销创意吗？

宗庆后：在策划广告的时候，突出了它的口感，确实甜甜的，酸酸的，从小孩的口中讲出来"妈妈，我要喝娃哈哈果奶"更可信。因为当时做广告的企业比较少，我们要率先做广告。而且这句广告语也很能打动消费者心智。

陈姝婷：在这个阶段，娃哈哈是如何做创新的？

宗庆后：刚开始起步的时候我们属于跟进创新，比如大家一起做钙奶，我们就加点维生素A跟维生素D，推出AD钙奶，可以加快钙的吸收，所以市场上就比别人先进一步。广东人最早做的瓶装水是蒸馏水，但我们从美国引进了反渗透水系统，做了纯净水，口感更好，成本更低。

长年跑在市场一线，靠双腿在市场上跑出来的见识，让宗庆后对市场需求了如指掌，他的眼见耳闻和市场感觉，是娃哈哈产品创新的灵感来源。每年宗庆后还会带产品开发人员出国考察，每次都带几大箱样品回来。据说有一次，他看到一个老外在喝饮料，那个饮料瓶子很好看，等老外喝完把瓶子扔垃圾桶里后，他马上从垃圾桶里把瓶子拣出来带走。这就是宗庆后，真实的宗庆后。

陈姝婷：针对可口可乐和百事可乐，你们也做了非常可乐，也曾风靡一时。

宗庆后：公司实力逐渐壮大之后，我们就进入饮料市场，因为饮料市场空间更大，所以我们做了非常可乐。因为国家对可口可乐和百事可乐建厂有限制，有些地方不允许他们建厂，我们就在他们没有建厂的地方先开始推广，立足三四线城市，避开可口可乐和百事可乐聚焦的一二线城市，所以还是成功的。

从雪域高原，到白山黑水，从东到西，从南到北，我们走到中国任何一个乡村和市镇，都能发现娃哈哈的产品。娃哈哈重视对三四线城市和下沉渠道的深耕，走出了一条"农村包围城市"的创新道路。娃哈哈走向全国的创新尝试，还要从1994年娃哈哈投身西部开发说起。

陈姝婷：1994年，娃哈哈参与西部大开发，开拓西部市场，为什么要到那么远的地方去拓展？

宗庆后：那时候，中央提出了对口支援三峡库区的号召，政府要求我们去对口支援涪陵地区受灾的三家特困企业，一家罐头厂，一家酒厂，一家糖果厂。但是，公司派去考察的考察组很失望：硬环境不好，基础设施落后，几家意向性兼并企业厂房陈旧，设备落后，债务和人员包袱沉重，人心涣散。

陈姝婷：据说您当时是力排众议，坚持到三峡库区发展。

宗庆后：我们还是把这个厂办起来了，还办得挺好。因为以前我们的产品发到四川去的话，一个月只可以发一次，当地有厂了，就不存在运输问题了，市场也就打开了。

陈姝婷：因为物流的原因对吗？

宗庆后：那时候铁路运输很紧张，一个月只有一次可以发货到四川。

陈姝婷：饮料一定要贴近消费者，如果只是在东部有自己的工厂，没有覆盖到全国，那么饮料最大的成本可能是运输成本。西进、北上，您认为对娃哈哈走向全国是功不可没的一步吗?

宗庆后：娃哈哈两次受到国务院的表彰,后来一些贫困地区、革命老区,都来找我们去投资建厂,我们也去建了,相当于开始走向全国了。这对于奠定娃哈哈在全国行业龙头的地位作用起到了关键的决定性作用。

继涪陵之后,宗庆后又带领团队在四川广元、湖北宜昌、湖南长沙、河南新乡、河北高碑店、甘肃天水、辽宁沈阳、吉林靖宇、江西南昌、安徽巢湖、广西桂林和广东深圳等地建立起分公司,将娃哈哈做成了一家真正的全国性企业。

陈姝婷：全国各地的工厂建起来以后,销售渠道怎么建立?传统饮料市场有句话叫渠道为王,娃哈哈在营销渠道建设上有什么创新?

宗庆后：虽然那时候我们的产品供不应求,但是也会产生坏账,就是因为当时的销售模式都是先发货,后收钱。于是,我们设计了联销体,通过联销体这种模式,我们先收钱,再把赚的钱分给渠道,给他们比银行更高的利息,这样就保证不会有坏账。

娃哈哈独创的营销网络结构是这样的：总部——各省区分公司——特约一级批发商——特约二级批发商——二级批发商——三级批发商——零售终端。每年娃哈哈的特约一级批发商会根据各自的经销额支付一笔预付款给娃哈哈,娃哈哈支付给批发商利息,对批发商提供销售支持。批发商为获得返利,每月主动回款,娃哈哈的资金得到及时回笼,资金周转速度和渠道铺货速度都明显加快。

创新点睛

得渠道者得天下。管理大师德鲁克说:"模仿本身就是创新,模仿是创新的前提。"利用渠道优势,发力跟进创新,并配合广告宣传,通过并购迅速占领市场,这一当时最接地气的创新路径,让娃哈哈走上了快车道。

引进创新——发展模式的升级

20世纪90年代初期,在邓小平南方谈话以后,我国掀起了新一轮对外开放的高潮,国内企业纷纷引进外资。娃哈哈也在如火如荼的合资潮中牵手法国达能集团,一次性引进外资4300万美元,共同组建5家合资公司。在我国,合资企业有三种命运。有双赢,有单方受益,也不乏两败俱伤。而娃哈哈与达能的联姻,则更具故事性。

陈姝婷:1996年的时候,娃哈哈与达能进行合资。当时为什么想要做这样的一个战略决策?

宗庆后:当时国家号召引进外资,达能在全世界食品饮料行业排第五名,我们也希望跟大企业合作,以提高管理水平,扩大我们的规模,这意味着娃哈哈步入引进创新阶段。

陈姝婷:在与达能合作初期十年的实践中,大家也是保持了很长时间的蜜月期啊。

宗庆后:在合资公司里,哪怕是用一万元钱,也要通过董事会讨论批准,而且他们人在香港,没有那么方便,这样实际上是无法经营的。如果按照他们这样的规定,根本就没办法把这个厂管好,有的时候我也不听他们的，但我们当时确实效益比较好，他们也就没话可说了，就不断地投资。

陈姝婷：据统计，达能与娃哈哈组建的合资公司数量从最早的5家持续增加到了39家。可是，合资公司做大了，合作更紧密了，为什么反而有矛盾了？

宗庆后：越做越大以后，他们怕我们再做大了，更加管不住我们，所以收购了乐百氏、光明一些其他厂家。他们还想低价收购我们给他们做代加工的厂，我们不同意。

陈姝婷：于是达能掀起了一场全面诉讼？

宗庆后：达能到处起诉我们，瑞典、法国、意大利、美国……在国内也起诉了。当时有50多场官司。世界各国媒体都在关注，最后演变成了一场国际舆论事件。

陈姝婷：自法国思想家卢梭发表《社会契约论》起，契约精神一直是法国人最引以为荣的美德，在这件事上，到底是谁不守契约？

宗庆后：开始的时候，他们认为我们不讲契约精神，我们请的律师实际上也没有信心能打赢这场官司，后来我仔细看了看，合同里有两个关键之处：一是不许搞同业竞争，二是不准滥用商标，这两点我都遵守得很好。他们允许我们给他们做代加工生产，董事会是有记录的，他们提供的董事会记录资料反而给我们做了证明。后来我们就抓住这两点：谁在搞同业竞争？谁在滥用商标？所以我们打赢了官司，国内外所有官司都打赢了！

陈姝婷：达娃之争成为很多商学院讨论的经典案例。在达娃之争的过程当中，您最大的收获是什么，或者感想是什么？

宗庆后：我们中国人总害怕跟人家打官司，我认为有理就应该去争辩，对吧？我们要依法守法去经营企业，跟人家合作，但是如果说人家要欺负你，也不能让人家欺负，我想后面我们跟人家合作，就是要平等互利地合作。

> **创新点睛**
>
> 不论和达能的官司谁是谁非，娃哈哈的引进创新，让娃哈哈在产品研发、公司治理和品牌建设上都获得了巨大的提升，娃哈哈从发展质量和国际视野上都脱胎换骨。中国企业如何在跨国合作中维护好自身的利益，保持平等互利，这在当时是一个全新的问题。宗庆后为中国企业的合资实践提供了一个创新案例。

自主创新——继续领跑的动力

2009年9月30日，达能将所持合资公司股份悉数出售给娃哈哈集团，达娃之争宣告结束。宗庆后在娃哈哈的股份占比达到六成。宗庆后靠一条路——一条水路，2010年、2012年、2013年三次问鼎《福布斯》富豪榜中国内地首富。娃哈哈纯净水、AD钙奶、爽歪歪、八宝粥、营养快线，这些创新明星单品的推出，一次次引领了消费潮流，给娃哈哈贡献了大部分的业绩。如今，娃哈哈在产品线上实现了奶饮料、瓶装水、茶、果汁饮料、植物饮品等全品类的覆盖。作为产品创新的试验田，娃哈哈生产过的产品品种超过300种。

陈姝婷：聚焦下沉市场消费者的需求，注重渠道的利益协同，娃哈哈凭借30余年来的积累，如今已经成为拥有近1万家经销商、几十万家批发商、300多万个零售终端的渠道王者，凭借如此强大的渠道保障,只要做到持续跟进,完全可以生存,饮料界的创意又很容易模仿,娃哈哈继续创新的动力是什么呢?

宗庆后: 要跟上时代的步伐,保持行业的常青树地位,娃哈哈必须自主创新。我们各方面都在探索,世界在进步,我们也要跟着进步。

陈姝婷: 现在也有一些新经济品牌异军突起,像喜茶、奈雪的茶等,他们制作这种新鲜的饮料,广受年轻人的喜爱。娃哈哈在投年轻人所好上,会有创新和布局吗?怎样保证在新经济企业的竞争下,保持行业老大的位置?

宗庆后: 现在我们也在跟人家合作,在思考经营线下茶饮店,就像喜茶那类的。

区别于传统的依靠工业化生产的饮料,2017年起,线下调配的茶饮行业迎来风口。经过一轮行业洗牌,喜茶、奈雪的茶等占据高端市场,一点点、都可coco、快乐柠檬等占据中端市场,低端市场则有古茗、蜜雪冰城等品牌。在此之前,徐福记、大白兔等多个老品牌已介入这一领域。为再度尝试年轻化举措,2020年,娃哈哈线下茶饮店试水广州,以AD钙奶为灵感元素,产品主打乳酸系列健康奶茶。

陈姝婷: 当今时代,饮料市场产品创新的方向是什么?

宗庆后: 饮料行业的创新,要积极主动迎接消费升级。现在老百姓的生活水平提高了,也注重身体健康了,都希望过上健康的生活。但是实际上我们吃得好了,反而得了很多富贵病。我们也希望下点功夫,解决人民的亚健康问题,主要是通过中医食疗,在这方面去开发一些保健食品。我们也在研究菌种。

对于乳制品饮料市场来说,益生菌有着重要意义。然而,我国各种乳制品饮料使用的益生菌绝大多数依赖进口。2010年开始,娃哈哈就开始了益生菌的研发。经过近十年的努力,娃哈哈已成功研发具有完全自主知识产权的益生菌菌种多达十余种,建立了拥有近3000株菌株的菌种资源库。

陈姝婷: 在自主创新阶段,娃哈哈在管理上如何跟进?

宗庆后: 企业规模小的时候,我认为还是一个人做领导比较好一点,没有副总经理,也没有其他的领导,因为领导多了意见不统一,决策也慢,还会形成派别体系,所以像我们公司就没有什么派别体系。现在规模大了,我任命了三个副总经理,开始分级授权管理。我们也在进行流程改造,实行岗位责任制。我想把所有的权力都关进制度的笼子里,不管谁在做,都能够正常运行,争取做百年老店。

陈姝婷: 人工智能时代,娃哈哈如何做创新和布局?

宗庆后: 我们在设备上早就自动化了,从早期整线引进国外先进生产线,到后来引进单机自己集成自动化生产线,再到现在自行设计规划智能工厂,娃哈哈实现了从自动化向智能化的转型升级。例如我们的仓库是无人仓库,通过无人铲车来进行操作。

陈姝婷: 听说你们还在尝试研发自己的工业机器人。

宗庆后: 我们也成立了一家机器人公司,现在这家机器人公司主要是抛光机器人,后面可能还要再成立一家机器人公司。

在智能化饮料生产线和装备领域,娃哈哈已开发了高位高速码垛机、套标机、贴标机、理瓶机等输送包装机械;研发了采用机器人技术解决箱型物品自动装车的问题,包括并联机器人系列、串联机器人系列、平面关节机器人系列、机器人码垛工作站、桁架式码垛机器人;正在实验性开发伺服电机、伺服驱动器、运动控制器等机器人核心零部件,包括6个系列41种中低惯量伺服电机及节能直驱电机等。

陈姝婷: 未来人工智能会给行业带来的巨大变革是什么?

宗庆后: 我认为人工智能应该是要有助于提高企业的技术水平和管理水平,而不仅仅是减少对劳动力的投入。

陈姝婷: 那么随着中国经济的转型,中国民营企业正在走向全球化,面对国际化的一些食品集团公司的竞争,比如说像卡夫、通用磨坊等,娃哈哈未来将怎样应对?

宗庆后: 中国的食品饮料行业在全世界是先进的,我们有后发优势,采用了先进的自动化设备。饮料行业利润比较低,像在西方国家的话,利润顶多是1%~2%,技术改造可能就要花很大的投资,我们这里好的时候可以达到30%,但现在也有20%,我们可以不断进行技术改造。

一瓶饮料的出厂,要经历吹瓶、灌装、包装等20多道工序,在娃哈哈的数十条饮料生产线上,这些工序率先实现了全自动化生产。娃哈哈生产线上的机器人都是自主研发的,这在全国饮料行业中仅此一家。按照宗庆后的构想,娃哈哈"出品"的机器人,不仅仅要供自己用,还要不断输出,成为集团的一个新的业务模块。

全面创新——打开未来的方式

宗庆后的创新目标不只是在产品端发力,而是产品、营销、品牌、管理、技术等全面创新的升级。

当前的饮料行业，早已不是你胜我败、你输我赢的状态。消费升级带来用户关系升级、体验升级、个性化升级，外卖、电商、无人超市等新的渠道层出不穷，整个行业的运营模式都在发生颠覆性的变化。以往的大单品越拆越小，订单逐渐碎片化，数万个经销商，遍布全国的生产基地……如何将海量的销售订单合理调度匹配，形成生产和物流指令，这种趋势给产业供应链运营带来极大的挑战，显然已经超出了人力所能管理的范畴。

宗庆后提出三方面的转型计划：一是进行供应链数字化升级，将供应商、经销商、终端等纳入娃哈哈整体的供应链管理系统中，实现供应链全过程数字化动态管理；二是利用数字化改造企业运营模式，在坚守主业的基础上，以产业数字化为手段，向上下游产业链延伸，重点对工业机器人、高端智能装备领域进行开拓创新；三是要提升企业决策的数字化水平，运用大数据来优化生产、仓储、销售和服务全阶段，以实现消费者数字化、门店数字化、库存数字化，实现"人、货、场"的重构。

陈姝婷：我听说您早上6点多就上班了？您的作息时间是怎样的？

宗庆后：我大概是晚上11点多睡觉。

陈姝婷：要工作到晚上11点吗？

宗庆后：有时候是工作，有时候也看看碟片，看看电脑。

陈姝婷：每天早上是6点就到办公室，雷打不动。

宗庆后：因为睡眠不好，醒得比较早。

陈姝婷：您一周工作几天？

宗庆后：一周是工作七天。

陈姝婷：没有休息？

宗庆后：没有休息，休息太无聊了，没事可做。

陈姝婷：您希望自己什么时候退休？

宗庆后：以前觉得我没什么退休不退休的，但我现在考虑退居二线，让年轻人在前面干，逐步把制度建立好，不论谁在掌权都能让娃哈哈健康地发展。

陈姝婷：创业32年，每天工作16个小时，全年无休。呕心沥血，老骥伏枥，志在千里。您是中国老一辈企业家的缩影，也是中国新一代企业家的楷模。您能不能送几句管理上的格言给年轻的创业者们？

宗庆后：不是当老板才叫创业，三百六十行，行行出状元，你喜欢哪项事业，就在这项事业上去奋斗，也叫创业。

陈姝婷：下一个十年娃哈哈将会是怎样的一个品牌？

宗庆后：娃哈哈以前是个大众化的品牌，今后也是大众化的品牌，并不是卖高价的品牌，我认为它是适应大众消费的品牌。

创新解决方案

陈春花　　北京大学国家发展研究院 BiMBA 商学院院长

希望娃哈哈成为一家百年企业，能够让我们看到一家真正具有全国影响的企业。

娃哈哈非常专注，非常注重品质，这对于饮料行业来讲，是非常重要的一种品质特征。坚守一个市场、一个产品，几十年如一日地去做，这是我特别喜欢的。我看到非常多的企业，在它还没有做得非常扎实的时候，就开始讨论如何去做国际化。我们在讨论国际化的时候，我觉得应该有三件事情比较重要：第一是要把本国市场做好；第二是解决全球采购、全球供应的问题；第三是怎样真正地运用全球的人才，怎样真正地理解全球的技术，人才和技术，应该有一个更好的组合。娃哈哈如果真的要走向国际化的道路，那么如何采取全球化下的本地化行动，这是很重要的一种训练。

娃哈哈和中国的很多企业发展的历程非常相像，早期我们都是在学习，在引进。引进创新之后，能够真正地去积累创新的能力和创新的要素。这个过程是一个非常值得我们学习的过程，因为如果我们停留在引进和学习创新当中，不能真正自主创新，企业的可持续发展是会受到影响的。我们在讨论全面创新的时候，实际上是会看到一家企业，无论是技术、产品，甚至它的运行模式，包括它的品牌内涵，以及它跟消费者之间的沟通，应该都是要有非常大的变化的。从这个意义上来讲，我对娃哈哈的全面创新还是非常期待。

陈威如　　　　　　　　　　　阿里巴巴产业互联网研究中心主任

娃哈哈代表了中国人苦干实干、务实努力而得到的结果。面对未来，需要有更多的多元的创新，然后赋能给这个生态圈，来共同满足消费者日渐个性化的需求。

消费者在变，每十年就涌现一代新的消费者，他们所需要的东西是不太一样的。我们看到娃哈哈已经引领行业三十几年了，它已经经历了两代或三代不同的消费者的淬炼。现在有更多的90后、

00后成为饮料市场消费的主力,因此如何能抓到他们的需求是一个重点,娃哈哈还需要有更多的尝试。

李光斗　　　　　　　　　　　　　　　　　　中央电视台品牌顾问

宗庆后的娃哈哈伴随了中国几代人的成长,祝愿娃哈哈成为中国品牌的一棵常青树,能够不断地与年轻的消费者进行沟通,让这个品牌传承下去,成为求变者,成为创新者。

中国的饮料市场已经发生了天翻地覆的变化,中国消费者的品位和趣味也发生了改变。小众化的浪潮,有机的浪潮,私人定制的浪潮……只有跟着时代的变化而变化的时候,才能真正地进入全面创新的阶段。

第 2 章

创新孕育新希望

> 我想总会有一天，当中国乡村振兴实现的时候，当中国农业现代化实现的时候，我们绿领一族一定会成为城市男女白领甚至金领羡慕的职业！
>
> ——刘永好

创新者主持人手记

企业家刘永好是《创新者》节目第一季13位企业家中唯一一位四川籍的企业家,而我是居住在上海、出生在四川的"川妹子"。访谈刘永好,有着对老乡的亲切感。刘永好可以说是四川人心目中最成功的企业家。

访谈刘永好是在望京SOHO新希望北京办公室,刘永好穿一件白衬衫,一双黑布鞋,是多年不变的朴素的农民企业家形象。言谈中,我能近距离感受到他的乐观、幽默、阳光、自信,还有一种满满的幸福感。说到做农民和做农业,他充满幸福和骄傲,提到新农村建设,他充满了激情。

他是中国农业"第一人",有着川商的睿智和豁达。无论是新希望早期进军越南等国际市场,第一个发起设立民生银行,还是近期和雷军创立新一代数字银行新网银行,他的每一次创新,都是运筹帷幄,步步为营,积极进取却不锋芒毕露。

他同时也兼具机敏和专注,他的机敏在于他总能看到新的机会,快人半步,他的专注在于几十年深耕农业。专注会让一个人淡定,我在他身上看不到一丝焦虑。他善用年轻人,我在和新希望的团队交流中发现,公司大多是年轻人,其中还有从哈佛大学毕业的优秀人才。心态年轻、温和专注,朴素亲切,接地气,是刘永好给我的深刻印象。

创新者画像

刘永好,1951年9月出生于四川成都,新希望集团董事长。一位乡村教师,下海创业,靠1000元白手起家,做到饲料行业的全国第一;一位敢为天下先的企业家,走出国门扬帆出海,成为国内最早在海外建厂发展农业的第一人;
一位勇于变革的开拓者,在消费升级中不断开辟新的蓝海。36年间,处在中国时代变革的大江大河、波澜壮阔的历史洪流中的刘永好,始终在希望的田野上耕耘,孕育着希望,创造着希望,经营着希望……

设立第一家全国性商业银行民生银行,实现产融一体化;创办智能银行新网银行,探索金融数字化;应用大数据,创新农业现代化;打造双千亿公司,让组织年轻化……为耕者谋利,为食者造福,刘永好的持续创新,带领中国农牧企业跻身世界农牧行业之前列。

创新者绝招

领先半步

创新者论道

从市场经济发展的角度,刘永好的创新历程可以划分为三个阶段：

第一阶段，短缺经济时代，商品供不应求。创新关键词：敢为天下先。

第二阶段，商品市场平衡阶段。创新关键词：整合创新。

第三阶段，新经济时代。创新关键词：科技赋能，创新农业现代化。

短缺经济时代的创新：敢为天下先

下海：从专业户起步

巴山蜀水，历来是刘姓人口的聚居地之一。四川新津县的古家村，曾是出了名的穷村。刘永好就是生于斯，长于斯。在刘家的五兄妹中，刘永好排行第四，上边有大哥刘永言，二哥刘永行，三哥刘永美，另有妹妹刘永红。在那个忍饥挨饿的年代里，地处穷乡僻壤的刘家，竟出了四位大学生！

1978年12月，中共十一届三中全会在北京召开。有着8亿名农民的广阔农村率先进行了历史性的改革，实行家庭联产承包责任制，搞副业、办实体，农民开始从土地中解放出来。在大学教书的刘永好，已经感受到时代的脉搏。刘永好兄弟四人决心投身到这一波澜壮阔的历史洪流中。

陈姝婷：你们兄弟四人是什么时候开始创业的？

刘永好：我们很早的时候就想创业。大概是1980年的时候，因为我们喜欢无线电，就自己组装了音响，很多人都想要买，我们说那干脆办个工厂吧，跟生产队商量，办成一家生产队的集体企业。

我们生产了第一台音响,质量很好,结果被公社书记否定了,说走资本主义道路坚决不行,要不然的话我们更早就创业了。

陈姝婷:在新希望诞生的过程当中,有哪几个关键的转折点?

刘永好:生产音响的集体企业没有办成,后来又等了两年,我们发现中国的改革已经从农村开始了,农村已经有了联产承包责任制。有了专业户,而这个时候我们找到县委书记说,现在农村搞专业户需要科学,需要技术,我们都大学毕业了,正好到农村去创业,去做专业户。县委书记说:"现在农村专业户是发展的一个方向!我支持你们去,但是有一个希望,你们每年带富十个专业户!"我们领到这样的任务,就开始了下海创业。我们卖掉了手表和自行车凑了1000元钱,通过在农村养鸡、养猪、养鹌鹑,赚到第一桶金,然后就开始转产饲料。当时饲料供不应求,一开始还要凭票供应,在这样的条件下,开始了我们的饲料事业。

此时,中国的饲料业处于发展的黄金时期。1979年,泰国正大集团联手美国康地集团在深圳投资3000万美元,设立了中国首家外商投资企业——正大康地有限公司,建立了中国第一家也是当年全国产能最大的现代化饲料厂。从此,"正大"饲料占据了中国猪饲料市场的半壁江山。正大不曾想到,10年后,希望集团的"希望"牌饲料初一亮相就一鸣惊人。刘永好把广告做到了每一个猪圈上,做到了农户的眼皮子底下。质量相同但价钱却便宜很多的"希望"饲料咄咄逼人,"正大"饲料被逼出了成都市场。

出川:收购改造国有饲料企业

1992年春天,邓小平同志的南方谈话对中国改革开放起到了决定性的推动作用。刘氏兄弟乘着改革春风走出四川,一鼓作气收购兼并了36家国有饲料企业,将版图扩展到全国。1995年,希望集团年产值达到15亿元,跃居中国饲料百强第一位。这一年,四兄弟分开发展。

陈姝婷:新希望集团是随着改革开放发展壮大的,您认为改革开放给新希望集团带来了哪些机遇?对您个人来讲最大的影响是什么?

刘永好:我经常在公司内部讲,没有改革开放,就没有中国的民营企业,更没有新希望集团的今天。所以说我们是改革开放的受益者、见证者和参与者之一。我们和广大的民营企业,在为推动中国民营经济的健康发展做出我们应有贡献的同时,自身也进步和发展了。

出海:用品质为中国制造正名

20世纪90年代,中国的饲料产业蓬勃发展,一批饲料企业在管理、技术、生产、营销等各方面慢慢成熟,饲料市场竞争渐渐由卖方市场转为买方市场。新希望要获得新的增长机会,就要去寻求新的市场,拓展新的疆土。新希望集团选定越南作为第一个投资国,在胡志明市新建年产20万吨的饲料生产项目,就此拉开了海外投资的序幕。

陈姝婷:新希望集团为什么要出海?为什么首选在越南建厂做尝试?

刘永好:在1995年左右,我们已经在中国是第一位了,我们觉得应该走出去,第一,我们很好奇,想看看国际市场究竟是什么样的。

第二，我们通过走出去，可以在跟国际一流对手竞争的过程中提升自己的能力。当时我们到美国、欧洲、日本一看，就发现人家比我们先进得多。在东南亚某些国家我们还有比较优势，所以首先从越南开始。

陈姝婷：您可以算是国内在海外建厂发展农业的第一人了，您到越南之后遇到了哪些想象不到的事情？

刘永好：我们在越南建了一个工厂，规模档次都不低，产品的质量也非常好，但拿到市场上去，当地的农民说，我可以用你的饲料，但是只能出一半的价格。在中国市场，我们和来自美国的、欧洲的、泰国的饲料生产企业竞争，我们都成为第一位了，这样的质量到越南为什么只卖一半的价格？我觉得很气愤。后来我到越南的一个市场去逛了逛，发现百货店里凡是中国生产的商品都特别便宜，跟其他国家的比，只有1/3、1/5的价格，再看看电器店里面的摩托车、音响、冰箱，日本货卖3000元，中国货卖1000元。越南消费者固有的观念认为，中国货就是便宜货，质量差。

陈姝婷：越南人认为中国产品是低质量、低成本的代名词，您通过什么方式去改变产品在海外的形象呢？

刘永好：我们采取了一个新策略，找了很多大的用户，跟他们签订协议，把生产的饲料免费提供给他们试用，结果试了一年他们认为很不错，第二年效果也很好，慢慢地对我们饲料的认同感提升了，价格就上来了，我们为中国制造在越南市场正了名。现在我们的产品都是和其他国家生产的产品价格一样，而且成为当地受欢迎的名牌产品了。

陈姝婷：过去20年，东南亚一直是中国企业走出国门的一个天然试水池,您遵循的是一条什么样的路径?

刘永好: 先在越南,然后到菲律宾、柬埔寨、印度尼西亚,然后逐步到孟加拉、斯里兰卡,再到土耳其,到南非、埃及等,一步一步走出去的。

刘永好在经营上有句名言:"领先半步"。意思是顺潮流而动,不能太快,也不能太迟。而他总是能把握时代的脉搏,走在时代的前沿,抓住未来发展的先机,快人半步,技高一筹。

供需平衡阶段的创新:整合创新

在商品供需平衡市场下的创新,体现在企业的规模成本优势和渠道优势。通过各种各样的整合创新来开拓市场空间,降低企业成本,提升企业效率,是这一市场特征下创新的主旋律。

跨界整合 实现产融一体化

新希望成为饲料行业老大之后,逐步从饲料环节切入下游的养殖环节、屠宰环节、农牧食品环节。而从事规模化的农副产业,需要大量的资金,不但回报低,而且风险大。那么,如何解决融资成本过高的问题?刘永好一直在探索民营企业产融结合的进化与创新。1996年的1月12日,中国第一家由民间资本设立的全国性商业银行——民生银行成立了。发起人就有刘永好。创业初期,他想从银行贷款1000元被拒绝,而10余年后,刘永好成了民生银行副董事长,也成为中国改革开放以来第一位来自民营企业的金融高管。

陈姝婷: 新希望在1996年的时候成立发起并且入股了民生银行,

在中国金融行业是一个巨大的创新。您当时发起成立民生银行的目的是什么？

刘永好：1994年的时候，我是全国工商联的副主席，我经过调研发现，大家反映最大的一个问题是贷不了款，金融机构几乎都不给民营企业贷款，这是一个方面。第二个方面就是当时中国的银行业还没有进入改革期，坏账率非常高，按照国际标准，有好多银行都到了破产的边缘。在这种情况下，在全国工商联的主席会上，我就提出了是不是可以由全国工商联牵头，由工商联会员企业联合投资组建一家银行？这件事被工商联主席经叔平先生认同了，通过工商联的名义向中央打了报告，被批准了。

陈姝婷：这是从群众中来，到群众中去，从现在来看这个目的实现了吗？

刘永好：民生银行不断地发展进步，在为民营企业、小微企业服务，做出了积极的贡献，这是我们主要的宗旨，并且我们还走出金融变革创新的一条路。我们率先在国内资本市场上市，率先引进独立的董事制度和法人治理结构，又率先在海外上市，应该说探索出了民营企业参与金融的一条路子。

创新点睛

创新的秘密，就是发现痛点，解决痛点。每一个痛点都是新机遇，新市场。创新的秘密还在于敢想敢干。20世纪90年代初，谁能想到民营企业可以办银行？这一看似不可能的事情，却被刘永好实现了，企业创新就是要敢于去尝试，这就是企业家精神。

跨平台整合民营银行走向互联网时代

陈姝婷：您似乎对办银行情有独钟,2016年,新希望、小米、红旗连锁等企业联合发起了四川新网银行,成为继腾讯微众银行、阿里网商银行之后全国第三家同时也是中西部首家互联网银行,新希望成为第一大股东。您发起新网银行的目的是什么?

刘永好：我们希望做成一家智能银行,一家科技银行、互联网银行,所以我就请到了小米、红旗连锁等共同来发起。我们没有柜台,只有一个总行,没有分行,不收现金,没有金库,不做线下业务,全部做线上业务,这使得我们的效率非常高,平均处理一单业务大概只要40多秒钟。经过一年多的努力,现在我们已经服务了大概3000万个这样的用户,我们现在在线客户的流量差不多有2000万个。

陈姝婷：新网银行从诞生开始就具备了互联网基因,创新基因。

刘永好：现在我们跟100多家主流的互联网企业有深度合作,我们帮他们做银行的金融服务。因为我们是一家互联网银行,我们跟他们的价值观是相同的,做事节奏也是同步的,效率很高,到今天我们的不良率还控制在0.2%以内。我们试图走出一条靠高科技、智能化、大数据来做银行的路,显然现在我们正走在最前列。

创新点睛

新希望从事传统实业,上下游的小微企业非常多,线下客户已经有了充分的积累,以线下客户需求为根基,用新的技术来实现线上平台的互动,提高效率,实现共赢,这是中国企业整合创新的又一个经典案例。

跨国整合、跨文化整合打通海内外市场

我们在采访 TCL 集团董事长李东生,谈到中国企业走出去这一话题的时候,他说过这样一句话:"人家拿全球的资源来和你当地的市场竞争,你其实是很被动的。"一家国际化的企业,只有通过跨国整合,调配国内国外两种资源,打通海内海外两个市场,才更具竞争优势。

刘永好从跨出国门在越南设立第一家海外工厂,到如今遍及40 个国家;从最初在发展中国家买地建厂,到如今收购、兼并发达国家的企业,并在新加坡、美国、澳大利亚以及欧洲设立海外总部,新希望通过整合海内海外市场、国内国外资源,一步步打造世界级农牧企业。

陈姝婷:新希望一开始是通过在海外建厂来开拓海外市场,现在主要做跨国并购,能不能谈谈新希望跨国并购的创新思路?

刘永好:例如,澳大利亚、新西兰的农业跟中国的有非常大的互补性,农业规模化、现代化是很有特色的。因此我们把澳大利亚、新西兰作为投资的重点。首先,我们在澳大利亚投资了肉牛的产业体系,跟上千家大的奶肉牛养殖场建立合作关系,然后收购了一家肉牛的屠宰和加工企业,收购的时候有 23 万头牛,现在我们已经把规模扩大到 50 万头牛。我们把肉牛在当地屠宰以后,分到几个地方,根据每个国家的消费习惯的不同,把不同的部位卖到不同的国家,在当地再加工。我们在山东的牛肉食品的加工企业,加工出各种各样的肉制品,除了供应内地(大陆)的市场,也供应韩国、日本和中国台湾、中国香港的市场;美国是肉牛的

最大生产国和消费国,我们在美国也建立了工厂,这样我们在美国市场、亚洲市场包括中国市场、澳大利亚市场、新西兰市场形成了肉牛产业新的产业链。

陈姝婷: 依托中国消费市场的升级做国际化布局,这跟早年建饲料厂养猪养鸡的模式完全不一样了,已经完全创新升级了。

刘永好: 现在中国的消费升级,养宠物的人越来越多了,而生产宠物粮的企业不多,我们有这个优势,在国内建立了宠物粮的生产企业、加工企业、销售企业,线上线下结合。我们又在全球筛选,发现澳大利亚的宠物工厂非常不错,用50亿元收购了澳大利亚最大的真爱宠物公司,这样把澳大利亚和全球的资源与中国的市场和资源结合起来,形成新的格局。

陈姝婷: 新希望在海外有近一万名员工,新希望如何管理海外的企业?有哪些管理创新?

刘永好: 在海外进行管理比较难。像在埃及、印尼,为尊重他们的宗教习惯,我们的工厂都设立了礼拜堂,过去我们从中国派过去的员工比较多,现在慢慢地更多培养当地的一些员工和干部。而在澳大利亚,我们有超过3000名员工,多数是白人员工,他们的要求又不一样,他们工会的力量非常强大,法制观念非常强,要注意他们的福利要求。

创新点睛

新希望的跨国整合创新,是基于对自身的特长和能力圈量身定制的整合方案,新希望对中国市场非常了解,又是在自己熟悉的行业做投资和并购,把国际的先进资源技术和中国的市场相结合,发挥出了独特的优势。

产业链整合实现规模经济

当前的信息革命已经从数字化、网络化进入以数据深度挖掘与融合应用为特征的智慧化阶段。对于中国传统的养猪业来说,大数据将破解猪周期困局,人工智能的应用将重新定义整个产业体系,实现规模经济。

陈姝婷:养猪在中国可能有上万年的历史了。养猪业在中国也有万亿元的市场,新希望如何实现规模效应?

刘永好:以前中国养猪都是小规模的,一个普通农户家庭每年养几头猪、十几头猪算多的了,现在养一头猪平均赚100多元钱,不养够1000头猪是没有效益的,必须规模化。但是,当养1000头猪或者更多的时候,对环境保护,对饲料的转化率,对防病治病就有相当程度的要求了,这对普通的农户来说就有难度了。

陈姝婷:新希望有什么创新的模式,解决这一痛点?

刘永好:我们推出了公司、家庭农场和农户相结合的方式,形成一个养猪的产业链条。在产业链条内,公司提供猪苗、饲料、疫苗、养殖和生物安全技术服务。我们也通过一些示范的养猪场,将猪场建设标准、防病治病、防止环境污染、保证食品安全等,作为重要的科学课题,做了大量的投资和实践。有一个叫作PSY的指标,是一头母猪一年产多少头小猪,我们能够做到27、28,甚至29。就是一头母猪一年能够产下并且存活29头小猪,这是衡量养猪能力的一个最重要的指标,而现在全国的平均数在17头。如果能够在全国推广,会极大地提高效率,降低污染,减少粮食的消耗,保护耕地等。现在我们养猪的完全成本大概是每公斤12元多一点,应该说在全国是领先的。

未来创新：科技赋能创新农业现代化

陈姝婷： 人工智能在科学养猪上有哪些应用？

刘永好： 我们要建无人的猪场，喂水、喂料、温度、湿度全部自动调节，整个养猪场通过机器人看管。现在有人说养猪场很脏很臭，今后养猪场有可能变成一个风景区，我们通过干湿分离水处理、粪便处理，变废为宝，还能够把粪便处理为有机的肥料，把水处理成符合国家标准要求的水，甚至做成零排放的水，这种可能性都是有的。

陈姝婷： 中国农业未来的发展是否可以跟大数据和人工智能结合？新希望在这方面将会有什么样的创新？

刘永好： 最近猪肉价格上涨，让大家熟悉了猪周期这个概念。猪肉价格波动特别大，猪肉价格高了，农民就开始多养猪，生猪供应量增加了，那么猪肉价格就跌下来了，农民亏了以后就不养猪了，生猪供应少了，猪肉价格又上去了。就这样形成了周期，大概3~5年一个周期。猪肉价格周期波动大，对农民不利，对消费者不利。

陈姝婷： 所以说要靠什么办法来调节呢？靠大数据可以吗？

刘永好： 要靠大数据，要靠一种新的算法，把历史数据和国家的政策、粮食的价格、养殖的格局、养殖的规模等统一起来，用大数据的算法进行研究分析，用得到的结果指导我们养猪，这样就不会多一会儿少了。像这样的大数据在养猪上的应用，叫猪周期应用。

陈姝婷： 现代科学与传统农业相结合，能够实现规模化、智能化、自动化，可持续发展。

刘永好： 是的。在智能养猪方面，我们提出了"六好"，用智能化、大数据、互联网的手段，实现"六好"。这"六好"分别是：买好，用大数据App的手段，买好料、买好苗。养好，用养猪线上平台，帮助养猪户科学地养猪，使猪的存活率得到提升。卖好，用聚宝猪这个生猪交易平台，一键找买家。运好，冷链物流帮助我们运好猪。还有用好，用好养宝体系打通大数据养殖户的资金需求。最后一个是追溯好，溯源，即通过数字化实现从田间到餐桌的全程可追溯，有助于实现食品安全。这就是智能养猪的"六好"具体措施。

陈姝婷：乘着中国消费升级的东风，开拓新的平台和新的产业领域。

刘永好：消费者的消费能力提升以后，对供应链物流的需求也相应提升，因此我们成立了新希望冷链物流公司。经过两年多的努力，现在在全国已经建立了30多个分子公司，成为中国冷链物流企业的前三位，借着消费升级的东风，在冷链物流行业争取更上一层楼。我们还成立了做包括保健品、宠物、调味品、川菜的一些公司。经过几年的努力，新希望集团和新希望投资集团会成为双千亿元的公司。

陈姝婷：36年的新希望集团，不断创造着新希望，正在努力成为一家年轻化的公司，除了管理层的年轻化以外，还体现在哪些方面？

刘永好：5年前我们就在讨论，怎样在新的格局下求得新的发展。除了在传统的老公司进行一系列变革以外，在新的公司也推行合伙人机制，比如，我们成立了一个新希望投资集团，新希望投资集团和新希望集团是两个不同的公司，虽然主要股东还是我，但是新希望投资集团下更多的是合伙人的公司，更多的是创新变革的公司，是面向消费群体的公司。

创新点睛

> 合伙是一个古老的概念。《西游记》里唐僧师徒算是合伙,《三国演义》里刘、关、张三结义算是合伙,《水浒传》里108将算是合伙。合伙,就是一群志同道合的人为了一个目标聚集在一起。内部实行合伙人制度,无疑是一种创新。合伙人制度除了大家目标一致,更重要的是能够聚集新的资源,把有能力、有想法、有愿望的人才通过激励机制,通过股权的纽带维系在一起,为企业的持续经营提供制度保障。

开创蓝海打造"绿领"

记得有媒体报道说,在当年兄弟几人要创业搞养殖的时候,他们的母亲不解地问他们:"农村苦,你们当了10多年农民,还没当够?"

在众多人的心目中,农业就是靠天吃饭,农民就是"锄禾日当午,汗滴禾下土"的一种形象。如今,已经横跨农业科技、食品加工、渠道终端、金融服务等多个产业领域的新希望集团,始终保持着自己的初心,选择农业作为支撑点,选择农村作为根据地。未来五年,新希望集团计划在农业领域投资超过500亿元,支持乡村振兴,创新农业现代化。

陈姝婷:新希望集团从事农业产业已经36年了,到目前仍在坚守,农业不但有市场风险,还有自然风险,包括天气的变化,舆情的变化,政策风险,国际贸易政策的变化等,是什么让您持续地专注于农业呢?

刘永好:第一,我们对农业产生了深厚的感情。这36年来我们有几万名员工，绝大多数从事农业，我们深入田间地头，和全国各地的农民朋友、农业生产者在交流沟通中发现，农村是一片广阔的天地，可以大有作为。第二，农村整体基础比较薄弱，我们的规模化和现代化的水平还不够，需要有人去做。新希望经过多年的发展，在资金和科技研发上都有一定的优势和积累。对于现代农业特别是农业跟国际的结合，我们进行了很多的研究，在这方面已经投入很多了，我们会继续在这方面投入。第三，农业是一个"万岁"产业，不管怎么样总是有需求的，最重要的是我们看见了国家提出乡村振兴的大战略，提出了国家的农业现代化的时间表，这给了我们极大的鼓舞。

陈姝婷：目前农村的空心化问题非常严重，您认为是什么原因导致这样的问题？

刘永好：这是因为城乡收入的差距，现在在城市干活和在农村干活的收入比大概是3∶1。不单单收入高一些，在城市里可以享受城市的配套和服务，让生活更加丰富多彩，所以很多年轻人来了就不想走了，我觉得这也是社会的进步。在美国，占1.2%的农业人口养活了全美国的人，还大量地出口农产品，这说明了美国农村的规模化和现代化，中国在这方面还有相当长的路要走。要搞农业现代化，要乡村振兴，必须有一批年富力强的年轻人，走上科学的、新型的、规模化的、现代化的农业发展道路。

陈姝婷：未来将如何使劳动力重新回归到农业的实体当中呢？

刘永好：以前总说老农民这个群体很踏实、很勤恳，但是比较穷、比较累，其实我们新型的农民今后并不累，收入也比较高，而且可能更受青睐,所以我就提出对这些从事现代农业的新农民,可以给他们"绿领"这样一个称谓,对应城市里的白领、蓝领、金领。我们在农村从事现代农业,工作跟环境保护相关,跟人的生命相关,跟动植物生长相关,我想总有一天,当中国农村振兴实现的时候,当中国农业现代化实现的时候,我们绿领一族会成为令城市男女白领甚至金领羡慕的职业!

陈姝婷:这就需要提高新农民的素质,提高新农民的教育水平和收入。新希望在这方面会有什么创新的举措?

刘永好:我们新希望集团从2018年开始要义务培养10万名新农民,我们已经制定了一系列的措施和办法,跟一些大专院校联合,在山东、四川、江苏、北京创办新农民的培训学校,把培养10万名新农民和我们推动农业现代化的进程结合起来。当我们更多的企业都动起来,当国家对农业的支持力度更大的时候,我相信我们农业现代化的进程一定会加快。

新希望集团的创新实践,可以用"五新"来概括:

- ✓ **新的机制**——合伙人的机制,让共享、共创、共建、共担成为一个新的机制来推动转型。
- ✓ **新青年**——更多地用年轻人,年轻化带来活力,带来创新,带来变革。
- ✓ **新科技**——在农业领域的养猪、养鸡这个赛道上,在传统企业大数据的再造上,在新型的科技智能化方面,用新科技来武装传统产业。
- ✓ **新赛道**——确立了冷链物流、宠物产业、大健康和生态环保相结合的新型农业发展的格局。

✓ **新责任**——把产品做好,做到对市场、对老百姓有利,做到勇于承担社会责任,有担当,为社会多做贡献。

创新解决方案

何刚　　　　　　　　　　　　　　　　《财经》杂志执行主编

新希望集团对未来的规划是比较务实的,因为中国市场给了他最大的支撑,也给了最大的回报。只要新希望扎根于中国市场,深耕细作,把全球资源做更好地整合,同时它的金融布局,它的激励机制,它的企业传承,比较稳定地执行下去,未来的新希望,应该会非常有希望。

秦朔　　　　　　　　　　　　　　　　　　秦朔朋友圈发起人

刘永好今天思考的新希望,其实是在全球视野下思考新希望。他在很多跟产业升级相关的其他的消费领域里又有很多的想法。一个这样年龄的人,还依然欣欣向荣,像一个中青年企业家一样。

刘永好善于把握机遇,互联网+、新农村、乡村振兴,他都赶上了。我觉得他又抓到了这个时代的一个很大的机遇。现在劳动力成本上升很快,特别是在农村从事种植、养殖这种基础性劳动的人员的成本,所以企业必须要用一些现代化的方法做成本控制。新希望正在用科技的手段赋能于农业,解决成本结构的问题。

王高　　　　　　　　　　　　　中欧国际工商学院市场营销学教授

刘永好对中国市场的动态变化非常敏感,他说的快人半步,实际上就是他看到新的需求出现，可以用最敏捷的速度去抓住这个机会。

用今天商业的说法，他不仅仅是自身受益，他也真的使农村，包括很多养殖户，包括他的上游合作伙伴，大家一起受益，因此他可以走得远。

滕斌圣　　　　　　　　　　　　　　长江商学院副院长、战略学教授

刘永好先生不但有前瞻性的眼光，而且能够拥抱变化。20世纪七十年代末八十年代初创业的那批企业家，依然活跃在创新潮头的应该是不多了，刘永好先生是其中的翘楚，而且扎根于关系到国计民生的农业，我觉得新希望完全可以做成一个百年老店。

第 3 章

塑造企业的创新基因

> 希望通过创造来改变这个世界，尽可能为人类去做一些美好的事情。
>
> ——董明珠

创新者主持人手记

来到格力的珠海总部，有三个印象：第一个印象是青春活力。午饭时间，我们看到上千人从园区各处涌出来，大部分都是朝气蓬勃的年轻人。第二个印象是科技感，整个格力的生产线上布满了工业机器人，最酷的是格力空调的调试降噪实验室。不仅"研"值高，颜值也高，充满了艺术感。第三个印象是风格朴素。从接待室的竹椅，到总裁办公室一楼的格力电梯展览厅，一股朴素整洁的工业风扑面而来。

"格力人人皆营销"。见到董明珠的时候，恰逢 2019 年"双十一"刚刚结束，格力斩获了不俗的销售战绩。格力是人人都可以做营销，只要有客户扫了"董明珠的店"产生了购买，相应的员工都可以获得奖励提成。

在整个访谈过程中，我看到的董明珠是柔情的，提到母亲她会露出温柔的笑容；她是爱美的，特意让我们节目组的化妆师给她做一个特别的发型；她是体贴的，董明珠屡次提到员工们的福利，工作环境的改造……

创新者画像

百年前,福特的"工业精神"为全世界"装上了车轮";百年后,格力用自己的"工业精神""让世界爱上中国造"。自董明珠执掌格力以来,格力从模仿到追随,从原创到引领世界,改变世界,成为中国乃至世界的空调之王。从销售女王到霸道总裁,从打工者到管理创新者,每一次亮相都标签化十足的董明珠,成就了时代的传奇。

出书,直播,经营自媒体;拍广告,秀厨艺,玩转黑科技……"618格力嗨购节",董明珠直播间带货102.7亿元!"带货女王",时尚潮姐,董明珠拥有年轻人望尘莫及的想象力和表现力。

创新者绝招

技术和营销两手抓,情怀与使命相结合。

创新者论道

董明珠说:"创新是企业的骨髓。"那么,格力如何让创新深入骨髓?

技术和营销的双簧奏,情怀和使命相结合,刚柔并济的管理风格,左手变革右手资本的智慧、为格力创新提供了资金保障、制度保障、人才保障和动力源泉,打造出了格力独特的创新基因。四个双面的格力,是格力独特的创新基因,让对手惊惧,却又很难模仿。

格力独特创新基因一：技术和营销的双簧奏

2016年的一天，董小姐请客吃饭，开启了一场别开生面的饭局。这顿饭很简单，没有鱼翅海鲜，没有国酒茅台，只有一碗米饭。4个不同品牌的电饭煲，包括日本和欧洲的品牌，用相同的米、相同的水煮出来的米饭，盛在四个外观相同的碗里让客人挑选，哪碗米饭好吃。结果在场的人多半选择格力的电饭煲煮出来的米饭最好吃。如此省钱的一顿饭，广告效果却不同凡响。

董明珠是营销天才无疑，她在营销上每每出奇制胜的底气来自格力无可挑剔的技术。格力的技术不是吹出来的，是一块块硬骨头啃出来的，一仗仗真刀真枪拼出来的。

格力的发展经历了三个时代：朱江洪时代、"朱配董"时代、董明珠时代。

朱江洪，1970年从华南理工大学的机械工程系毕业后，被分配到广西边陲的一个小厂，从质检员做起，逐渐升任车间主任、科长、厂长。他通过抓质量、抓技术、抓管理，十几年间将百色矿山机械厂变成"边陲一枝花"。1988年，朱江洪调任到珠海特区工业发展总公司（格力集团前身），被派到了总公司下属效益极差的冠雄塑胶厂任总经理，并把该厂搞得红红火火。1991年，总公司又任命朱江洪兼任兄弟企业海利空调器厂的总经理。

这时候，董明珠刚刚来到珠海，应聘到海利空调器厂，从基层推销员做起，半年内就签了300多万元的单子，之后，又凭借强悍的工作作风追回了一笔巨额欠款。董明珠出众的销售能力，很快引起朱江洪的注意。在被调任去安徽销售空调时，董明珠改变以往的收款模式，推行"先款后货，概不赊账"。这个决定在当时的大环境下，被经销商嗤之以鼻。很长一段时间，董明珠都没有找到突破口。几经周折，一家经销店的女经理终于被打动，同意先款后货，并爽快地提前打了20万元货款。为了不把事情搞砸，董明珠每天都待在她的店里，帮忙出谋划策，该店的空调很快就一售而空……到了1993年，董明珠的个人销售额已经占整个格力业绩的1/6。朱江洪将她调回总部担任经营部部长，格力电器由此开启"朱配董"时代。

陈姝婷：1990年到珠海创业的时候您是30多岁，为什么要选择珠海？

董明珠：因为我先是偶然来到珠海，看到了珠海的风景特别好，这个城市非常宁静，让人很放松，世间的浮躁在这里好像都没有。

陈姝婷：我记得20世纪90年代有一部很火的电视剧叫《外来妹》，您从南京只身一人来到珠海，背井离乡，也算是一位外来妹。您有没有想到能从一个打工者，成为一家闻名世界的企业的掌舵人？

董明珠：我觉得我来不是为了未来事业上有什么，就是喜欢这一派宁静的景象，虽然会有一种异乡感，曾经在一瞬间也想过回老家，但是这个瞬间很快就过去了。因为搞销售遇到的挑战很多，已经没有这样的时间给你去思乡了，就是一门心思地去拼市场。

陈姝婷：您进入海利时，公司规模也不大，为什么能够发展起来呢？

董明珠：海利是格力电器的前身，现在的格力是由原来的海利、冠雄和工业发展总公司三家公司组成，是由员工每个人投钱进去，由工业发展总公司把原有的设备、厂房作为资产投入，通过资产重组，组成一家股份制公司，成立了格力电器股份有限公司，所以规模变大了。

陈姝婷：有人说销售是一个没有创造力和创新的工作岗位，您这样认为吗？

董明珠：你看看有多少企业倒闭了是因为产品的质量问题？它依然摆脱不了营销的创新问题。创新是什么？从营销来说，你在服务上要不断地去创新，改变服务方式。比如，在改革开放初期，营销就是人际关系。但随着时代的发展，必须要用制度来管理，这就是一个创新挑战的过程。

陈姝婷：您不喝酒，也不搞关系，是什么让您的销售业绩一鸣惊人？

董明珠：建立在人际关系上的营销，实际上没有真正了解市场，不知道市场要什么，你必须在一线零距离和消费者接触，这样消费者对你的品牌才有更多的认识。所以营销是一个互动的过程。

陈姝婷：1994年的时候，格力电器曾经有过一次危机，就是库存积压，产品卖不掉。

董明珠：库存不是重要的问题，销售队伍集体离开才是致命的问题。大家都在讲一家企业技术很重要，产品质量很重要。我觉得这是片面的观点。企业是一个整体，营销相当于人体的胃，技术相当于心脏，质量相当于肝和肺。如果肝和肺不好，可以去修复；作为技术核心的心脏不好，可以购买别人的技术、别人的专利；但是如果没有营销的话，相当于一个人没有胃，那样能有营养吸收吗？一个没有营养吸收的人怎么能活得下去呢？企业也一样，没有营销就不可能有收入，不可能有利润，没有利润就不可能有资金去投入研发，就会产生恶性循环。如果格力电器当时没有营销，就不会走到今天。

陈姝婷：那么格力是如何解决营销这个难题的？

董明珠：营销创新的东西太多了。过去认为营销中人是最重要的，但是我认为营销中公平、制度更重要。创新制度也好，创新服务也好，最终还是要共赢。你一定要考虑商家的感受、消费者的感受和企业的利益，这三者的利益缺一不可。

陈姝婷：您是如何做的创新？

董明珠：我做了很多的制度建设，包括公司内部的销售队伍建设，外部的渠道建设，一年之间让格力电器真正实现了盈利。

陈姝婷：那是在哪一年？

董明珠：1995年。那一年因为销售突然增长七倍，我们的产能不够，还通过外面贴牌生产，所以产品质量还是存在诸多的问题，后面就不断地在推动质量提高，以销售反推产品质量的提高。所以说前期营销为格力电器的生存立下了汗马功劳。

"朱配董"时代，格力创始人朱江洪负责技术，董明珠负责营销。朱江洪搞技术出身，低调、沉稳、擅长技术开发和质量管理；董明珠做市场出身，高调、霸气、精通销售，能打硬仗。他们形成非常完美的"朱董双簧"，成为行业佳话。

2002年，一家企业要招标50套一拖四的多联机，即一台主机能够带动四台空调。当时的格力只能生产一拖二的多联机，时任格力总经理的董明珠考虑，不就是在一拖二的主机上多加两台分机吗？对技术满怀信心的她参与了竞标，并顺利接下了这单生意。但问题是一个月之内，凭格力当时的技术无法制造一拖四多联机。为了履约，格力只得向某日本企业购买了 50 套多联机，贴上格力的商标交付给对方。如此一来，格力亏损了几十万元。

朱江洪和董明珠想到日本企业买下这一技术，可得到的回答是：这是日本企业用 16 年的时间自己开发的当时国际最先进的技术，出多少钱都不卖！这让他们意识到了自主研发技术的重要性。然而，对于格力是否能研发出一拖四技术，深谙格力技术现状的朱江洪犹豫不决，反而是董明珠无知者无畏，力主研发，公司奋战 8 个月，终于研发出一拖四技术。

2012 年，格力营收首次突破千亿元大关，成为继海尔之后跻身"千亿元俱乐部"的第二家家电企业。也是在这一年，朱江洪退休，董明珠顺利接班，格力电器进入"董明珠时代"。

进入董明珠时代后，做销售出身的董明珠更加注重质量和技术，一个人表演着技术创新＋营销创新的双簧，不折不扣地拥有"销售女王"和"技术控"的两面，将格力带入了一个新的发展阶段。

创新点睛

技术创新给营销创新带来信心，营销创新为技术创新带来生机，技术＋营销的双簧，是格力成功的关键，也是格力从创立到现在一直以来独一无二的核心创新基因。

格力独特创新基因二：情怀和使命相结合

20世纪20年代，美国开利公司推出了第一代家用空调，开启了近百年的世界空调发展史。然而，近百年来，美、欧、日你方唱罢我登场，直到进入21世纪，中国空调生产厂商严格地说还是组装厂，始终没有掌握核心技术。格力曾经差点被彼时拥有"世界空调之王"称号的开利公司吞并，在决定命运的紧要时刻，格力人最终顶住诱惑，用坚定的信念回绝了这个想要收购它的巨人："你今天是世界500强，未必明天我就不是世界500强。"

陈姝婷：为什么您不接受收购的提案？

董明珠：那时候特别流行引进外资。但是外资进来更多地不是在这里建一个工厂，搞一个科研项目，它更多的是来收购，我们中国有多少好的品牌，现在已经消失了。

陈姝婷：品牌没有了。

董明珠：第一个失去了品牌。第二个对格力来讲，2004年的销售额是138亿元，我记得很清楚。如果按照净资产，大概9亿元就要被收掉。我们看到，不仅是格力员工，不仅是珠海人，只要是中国人都有这个意识，我们要打造自己的品牌，对吧？今天没有，明天没有，后天没有，但是未来一定会有，只要不断地去创造，你一定会有。所以我们不把企业卖给外国人。

陈姝婷：这是对中国民族工业的信心。

董明珠：最早的时候，中国的空调行业没有自己的技术。制造压缩机技术不在自己手上，电机靠从外面采购，还有一些关键的控制系统都是外购来的。格力也一样，在那个时代随波逐流，那个时候企业要活下来是第一位的。

陈姝婷：什么时候开始走上独立研发之路？

董明珠：2003年，当时成立的第一个研究所叫智能研究所，那时候我们开始了对核心部件的研究。2005年有了自己的压缩机厂。到了2012年的时候，我们有了三个研究院。

2003年，格力开始了对核心部件的研究。2005年8月，中国家电行业首台拥有自主知识产权的大型中央空调——离心式冷水机组在格力电器正式下线，国际上对空调核心部件的技术垄断开始被打破。时隔两个月，世界第一台超低温数码多联机组在格力下线；2008年，格力的15赫兹变频调速技术成果入选了国家火炬计划，成为国内唯一掌握该核心技术的企业……

陈姝婷：格力成立以来，为什么在自主研发上能够不断突破？

董明珠：第一是我觉得有一批有朝气、有活力、有梦想的年轻人，就是一种创新的力量。格力电器是家电行业唯一一个不从外面高薪引进人才的企业。第二个就是我们所有的技术都坚持由自己研发，自己来创造。有了这两个基础，创新的动力就会越来越强。

陈姝婷：创新也要有骨气和志气。靠挖人、靠模仿，不行。

董明珠：有些企业甚至用更卑鄙的手段！我觉得他们短期可能是占了便宜，但从一个企业的生命力来讲，我们虽然付出比较多，但是更多的是得到市场的认可。

不靠购买和并购，格力从始至终走自主研发之路。从硬件到数控系统，格力打通空调制造的全部环节，实现了百分之百的自主研发和自有知识产权。格力有14000名科研人员，16个研究院，1000个实验室。平均每天有37项专利问世，很多研发成果都是中国独创。

陈姝婷：2012年您接任格力董事长的时候，如何确定格力的发展战略？

董明珠：2012年我一人兼任董事长和总裁，那时候格力电器系列产品已经全线实现了自主研发，自己制造。但是后面要如何来支撑它的发展？我发现装备是中国制造的短板，我们需要大量采购别人的设备。德国的人口连我们七分之一都不到，但是它的工业装备那么强大，我们中国是泱泱大国，没有理由仅仅是享受别人的技术带来的变化，为什么我们不能创造技术，去分享给别人呢？

陈姝婷：所以，从2012年开始，进军装备制造是格力新的发展战略。

董明珠：是的。我觉得作为一家企业，赚钱不是唯一的目的，企业是要有使命的，企业要想做强，必须要为着国家的强大去思考，装备是国家短板，当然要去做这个投入。我不是因为这个行业有利润可赚去选择做装备，而是为满足我们工业制造的需要而做出的选择。

陈姝婷：这个是制造业的痛点，也是您的情怀吗？对国家民族工业的情怀。

董明珠：反正我觉得这是我应该做的事。我们2013年真正进军智能装备时，也是一张白纸。我们进军智能装备，也没有去买别人的技术，也没有收购别人的企业，我们觉得花几百亿元去买一家智能装备企业，不如花这几百亿元培养我的年轻人，培养一个研发团队。

陈姝婷：后来研发出了100多种装备，现在装备也出口了。

董明珠：所以今天我们很自豪地说，格力有了自己的数控机床，精度非常高,用这样的一个高精尖的设备来保证生活电器的高品质、高品位。

在完成空调的自主研发之后,格力找到了新方向——智能装备制造。格力的自动化产品覆盖工业机器人、服务机器人、数控机床、定制自动化设备、大型自动化线体等10多个品类,也潜心研发出了拥有自主知识产权的工业机器人三大关键零部件——控制器、伺服电机和减速器。

马云说,虽然自己不懂技术,但尊重技术。董明珠也一样。不懂技术的董明珠,加倍尊重懂技术的人。像IBM的前董事长郭士纳一样,是一个对技术专业知之甚少却能带领企业挑战技术创新天花板的管理者。在技术上,很多业内人士认为根本无法实现的技术挑战,董明珠没有包袱,没有成见。

陈姝婷: 我这里有一份数据,格力申请国内专利59107项,发明专利28599项,国际专利1955项。这跟格力在科研方面的投入经费也相关吗?

董明珠: 这跟经费不相关,跟我们的决策相关。如果没有决策,仅仅依靠投入研发经费来表示你们这家企业注重科技,这样行不通。更重要的是你的决策,通过你的战略定位可以看出你是不是有眼光的,是不是重视科技的。

陈姝婷: 是的。我这里还有一份数据,格力2019年研发投入在总营收的占比超过3%,比例相当高了。

董明珠: 只看研发经费的数字没有价值,要看研究方向、研发突破。比如我们研发的磁悬浮技术,这项技术花1000万元就能实现,但它现在是全球独一无二的。我们研究光伏空调投了一亿多元，可能你觉得投入那么多，单一的一项技术投入一亿多元，但是我觉得它是有价值的，它的价值在于适用于未来的新能源时代。

陈姝婷： 按需投入，不设上限，对吧？

董明珠： 对，我觉得需要就可以。这两项技术是非常值得骄傲的。光伏技术给我们解决了寒冷地区、高温地区、资源匮乏地区的能源需求，它完全可以用清洁能源实现自己供电、储存、自循环，解决了过去的要通过发电厂发电，然后输送、变电、供电的问题。你不要说我半年研发不出来就要放弃，哪怕研究五年还没研究出来，都得继续研究下去。但是好在我们一年半就研发出来了，现在世界上有二三十个国家都用了我们光伏储能空调一体的新技术。所以不能看眼前的利益有多少，而是对未来的社会贡献价值是多少。

陈姝婷： 在科研人才的培养方面，格力的战略是什么？

董明珠： 我们的战略是只要你想做就给你机会，我们尽可能打造一个平台。国家在提倡双创，好多创业园都是年轻人在那里搞研发。我们企业本身就有这么强大的转化能力，只要技术研发出来就可以转化成生产力，所以我们更可能打造更大的平台。

陈姝婷： 您似乎对目前格力的科研创新成果感到非常满意和骄傲。

董明珠： 我觉得什么时候都不会有满意这两个字出现，我们总是往前走的，即使你今天拥有了世界领先的技术，依然要不断地创新。中国制造业很长一段时间都处于美国有什么，德国有什么，日本有什么，然后我们做什么的阶段。但格力的设计理念是消费者要什么，怎样提高生活品质，就是我们研究的方向，所以就改变了过去单一的跟随性做法。

> **创新点睛**
>
> 创新要有能力和实力,也要有骨气和志气。而骨气和志气来源于企业的社会责任感,使命感,是一种对家国的情怀,对现状的不满,由此转化为创新的动力,并不断增强能力和实力,进入良性循环。这种正能量的循环,是格力又一个独特的创新基因。

格力独特创新基因三:刚柔并济,恩威并施

董明珠说:"格力空调是好斗的。"的确,好斗的格力,似乎一直在和各方"格力"。和国美翻脸,公开举报同行……种种火药味十足的言行举止,各种不合作的态度,塑造出了董明珠刚毅、强硬的铁娘子形象。她与雷军的十亿元赌约,至今仍是大家津津乐道的话题。

陈姝婷:2014—2015 年的时候,互联网企业似乎要一统天下了,当时像小米的雷军、360 的周鸿祎等互联网企业家脱颖而出,一时间传统企业都要互联网+。您是怎么看待这件事的?

董明珠:我不知道互联网是什么东西,我也不知道什么是互联网思维,雷军现在也卖空调,也卖手机,我看他卖的东西特别多,但是那些东西仅仅是一个互联网吗?不是。大家认为制造业是传统行业,我不能讲,只能说它是一个历史悠久的产业,它一样是要随着时代的变化而升级,比如我们现在的无人生产线,你说这是什么?这是归谁拥有?我觉得不是这个概念。互联网无疑是依托计算机演进而来的,但是在国外已有 100 多年的历史,德国把互联网技术运用到制造领域里,否则就没有数控机床,没有工业自动化。而我们

恰恰是在这个过程当中，使我们的技术不断地升级和实现，比如说格力现在的智能＋，用格力手机可以遥控家里所有的电器，你在家以外的地方也可以看到家里的情况，我们做了这些东西，你觉得这是互联网还是制造业？但是反过来，我没有空调，没有冰箱，没有洗衣机，我想请问你，你那个计算机要用在哪里呢，对吧？

陈姝婷： 您和小米的雷军所谓的赌局在媒体上掀起了轩然大波，现在回顾起来您怎么看？

董明珠： 如果没有制造业，那么互联网就是浮云。但是制造业随着时代的发展而发展，要提高它的效率，就要把计算机运用到智能装备里来，运用到产品上来。

陈姝婷： 有人认为格力的成功，是因为您的战斗精神，您认为在管理方面是不是格力取得成功的关键呢？

董明珠： 领导当然起了决定性的作用。领导是什么样的风格，企业就是什么样的风格。我认为我是要追求一种完美，我们建立一系列的制度也好，企业文化也好，它不能离开的就是公平公正，这是一个基础。我在做销售体系以后，通过接触方方面面，比如生产系统、技术系统，从外部到内部，我觉得企业缺乏严谨的管理。很多人有权力以后不是在为企业服务，而是为自己去做一点事，所以我当总经理后第一件事就是对管理团队进行整顿。

董明珠的"刚"，表现在管理上不留情面，对竞争对手不留余地，原则上不妥协，还表现为不断挑战自我。她和别人斗，也和自己斗。在董明珠的世界里，一切都要清澈见底，没有灰色地带。德国的铁血宰相俾斯麦说过："真理的范围，在大炮的射程之内。"有人调侃董明珠，说她走过的地方寸草不生。而董明珠说，寸草不生，那就长粮食。军事化管理、坚守原则、整治腐败，是董明珠"刚"的一面，让丑恶寸草不生；树立榜样，维护尊严，广开言路，是董明珠"柔"的一面。只有净化了土壤，创新才能茁壮成长。

董明珠：创新要有基因，这个基因就是企业文化建设。年轻人为什么愿意创新？是他在这里感到公平公正，这是一个基础。另外就是你用真诚对待你的员工，对员工来讲就是一种动力，对吧？他会爱这家企业。

陈姝婷：企业文化建设为企业注入了创新的基因。

董明珠：但在这个过程中一定会有一部分人不认同，不认同就离开。刚刚有个大学生来了几个月，离开格力，一个月以后又写信给我说想回来。他在格力待了三个月，感受到了格力的文化，再走出去待两个月，感受到不同的文化，对比以后，他认为格力很好，还很想回来。当然，也有人在格力待了十几年，觉得自己可以独当一面了，也可以。但是人一定不能离开一个平台，离开一个磁场，不同的磁场适合的不同的人，这是非常重要的。

陈姝婷：在格力9万名员工里，90后占比有多少？

董明珠：百分之六七十吧。

陈姝婷：对于90后的管理，董总有什么样的心得？

董明珠：有一点你要记住，有奋进精神的人是有梦想的，你要给这些人创造条件。我认为我培养的员工就是要能够大胆地发声，大胆地去创想。但是有一条，一定要对企业忠诚。

其实，董明珠并不只有"刚"的一面，也有"柔"的一面。刚柔并济，是格力的另一个独一无二的创新基因。女性管理者一旦突破了自身的弱点，就变得异常强大：兼具胆识和格局，胸怀和务实，也有敏感和细腻。

陈姝婷：您有没有至暗时刻？

董明珠：对我来说没有吧。

陈姝婷：没有？

董明珠：因为我觉得如果有这样的感觉，可能就是自己没有勇气去面对困难。每个人在一生当中，一定会遇到各种不同的挫折、困难，或者不被别人理解，我觉得应该勇敢地去面对。

陈姝婷：我看过您在年会的一段讲话，是一段对您母亲说的话。您认为在您的创业过程当中，这种坚韧不拔、百折不挠、从不妥协的精神，跟您母亲的影响有关吗？

董明珠：那天是因为在中国企业家年会上宋志平的发言，给他太太的一封信，我是有感而发的。当他对太太说感谢一路支持时，其实我就在想，真正对我们支持最大的应该是父母，父母对你的那种爱，不是要你在他们身边照顾他们，也不是要你给父母多少所谓的孝敬，你自己人生当中所取得的收获，对他们来说是最欣慰的，这是真正的孝敬。

陈姝婷：您认为什么是企业家精神？

董明珠：企业家精神就是奉献精神。真正的企业家不是为自己而活的，是为这个社会而活的。企业家承担的东西和一般的员工是不一样的，要顾及对社会的贡献，顾及员工。

一位优秀的企业管理者，是保姆，是家长，是导师。对员工，董明珠的刚柔并济发挥得淋漓尽致。生活方面，董明珠像保姆一样为员工安排好衣食住行,像家长一样关心每一名员工的生活。工作方面,她除了关心工作质量,更关心员工的成长。董明珠说,批评员工,是她最"柔"的办法。拍拍他的肩膀说"你不错啊",这不是我所擅长的。我看到问题,告诉你了,认为你应该感谢我,这是真正的柔情。看到你出了问题,还装作没看到,特别是作为一个领导来讲,这是不负责任的。

创新点睛

员工有了生活上的保障,工作上的成长;格力成为空调业的"西点军校"而不怕被挖墙脚,在人才上为创新提供保障;女性领导者特有的细致、细腻,不留死角,在管理上为创新提供了保障;塑造公平、公正的环境,打造创新的平台,在制度上为创新提供了保障。一手铁腕,一手柔情,董明珠的"刚"与"柔",赋予格力独特的创新基因。

格力独特创新基因四:左手变革,右手资本

如今的家电行业,经销渠道包括电商与生产者的角色在模糊,角色融合与跨界增值并存,这种趋势拓宽了格力在营销上的创新边界。而技术和品质上的自信,无疑让董明珠更有底气去为格力的产品宣传代言,摇旗呐喊,在营销上标新立异。

"空调领域,世界第一在格力,没有第二。""格力空调是世界老大。你们不认同吗?不认同回家换一个试试!"董明珠在很多场景下,都是气场全开,给来宾们制造"惊吓"和"惊喜"。她善于把握人的心理,营造气氛,每句话都能令人印象深刻,每一次亮相都标签化十足。

中国有许多企业家,但能被称为"超级网红"的只有董明珠一人。格力电器的宣传片,全部由董明珠担任主角。董明珠每次演讲之后,都会放出"董明珠的店"的二维码,让大家扫码关注。格力正在推进分销商城的发展模式。

董明珠说:"我宁愿把公关费拿来做产品。"反过来,格力省下的公关费,都用于技术研发,形成良性循环。唯一不同的是,营销推广可以不按常理出牌,另辟蹊径,而技术则是一条需要踏踏实实一步一个脚印的无比漫长的寂寞之路。

陈姝婷:企业的生产模式有三次重大变革,第一次是以美国的福特的流水线为代表,第二次是以日本的丰田的精细化管理为代表。第三次变革就是所谓的物联网,IOT 的出现。那么格力在以物联网为代表的未来世界将会扮演什么角色?

董明珠:做好自己的产品。

陈姝婷:在未来格力会有哪些 IOT 的应用场景?

董明珠:我觉得是两大应用场景,一个就是消费品更加令人舒适化,更加智能化;一个就是工业装备,要实现高能效、高品质。

陈姝婷:您觉得中国未来的家电业会有什么样的变革?格力会起到什么样的作用?

董明珠:不断用新技术去提高人们的生活品质,这就是我们要不断去做的。比如说我们以前使用空调要用手按,用遥控器。现在连手机都不要,用嘴就可以了,你跟空调可以对话了,然后用空调来指挥家里所有的电器,这些都是我们现在已经基本上实现了的。但是我认为这些还不够,还会有突破。什么突破?那就我们慢慢去研究吧。

在第一台国产空调器诞生之初，很难想象到今天的智能化、变频化、艺术化、节能化空调乃至 R290 新冷媒空调如此绚丽纷呈，30 年间，空调产品完成了从稀缺到百花齐放、百家争鸣的蜕变。如今，中国家电市场已从大规模普及的增量市场转向以需求改善为主的存量市场。家电产业从人口红利时代向精品红利时代转变。头部企业都在谋求通过创新寻找发展的新动力。长期以来蝉联空调市场"单打冠军"的格力，也正在试图弱化与空调的强连接，改变单一依靠空调业务的盈利结构。为适应变化，格力电器从过去的单一业务垂直管理线条，步入多元化战略下的多线条管理，在生活电器、智能装备、芯片等未知的领域加强探索和创新。

董明珠说："有人说我丢弃主业，其实是在创新。"

智能工厂 + 智能家居的"双智战略"在加速推进，无疑是最有希望成长为"第二个格力空调"的产业。董明珠的愿景是格力成为未来的"硅谷"。格力要成为一个科创平台，代表一种高品质的智能生活。

陈姝婷：2019 年 7 月，格力进入了《财富》世界 500 强的行列，您有什么样的感触？

董明珠：听说 500 强也有作假的，我觉得不可思议。所以说你问我进 500 强我很激动吗？没什么可激动的，企业不是因为进入 500 强就进了保险箱。一家企业能够可持续发展，一定是不断地挑战，顺其自然就进入了 500 强。500 强不是一种炫耀，它只是一个路标。

陈姝婷：格力的产品销往 160 多个国家，未来在国际化战略方面，格力还会做什么？

董明珠： 我觉得我们走出去的思想，并不是到那里获得多少，而是我们为当地建设做出多少贡献。

陈姝婷： 您对未来十年的格力有什么样的寄语？

董明珠： 未来十年的格力能真正成为一个国际化的、科技型的制造集团。我希望格力在十年以后，不仅在空调领域成为世界领先者，在生活电器品类也能够成为世界领先者。

陈姝婷： 我们节目组看过您的两本书，一本是《棋行天下》，一本是《行棋无悔》，您最近还有出书的计划吗？

董明珠： 应该会吧，因为这两本还没有完成我所有的经历，所以我还会有第三本书。第一本书是说我在营销体系里的经历，第二本书跟我们公司内部的管理有关系，我想在第三本书里写我们如何打造出让世界爱上中国制造的产品，写这里面的故事。

正如董明珠曾经说过的："我们一定要记住，即使我们站在山顶上，我们的头顶还有星空。"

2010年，中国成为制造业第一大国，GDP超越日本，位居世界第二。然而，10年过去了，中国企业的国际地位，还没有取得美国、日本、德国那样的成功。中国制造如何加速走向世界？要凭借创新的力量，还要借助资本的力量。

2019年12月2日，历时8个月的格力电器股权转让落幕，珠海明骏以416.62亿元获得了格力15%的股份，成为第一大股东。转让完毕后，格力电器将无实际控制人，背后则是高瓴资本。格力将形成全新的股权结构、治理机制和利益格局。从历史经验来看，企业因为这种股权结构的开放包容性，保持了源源不断的创新能力，实现了价值链的整体跃升。高瓴资本＋格力的未来，充满想象空间。与资本紧密结合，成为格力又一个独特的创新基因。

靠创新引领，让世界爱上中国制造，是董明珠的一贯坚持。而左手变革，右手资本，进一步推进多元化和国际化，通过创新孕育新的增长点，是格力的新方向。

创新解决方案

陈春花　　　　　　　北京大学国家发展研究院 BiMBA 商学院院长

我觉得格力做得很好的地方就在于它的与时俱进，一直在守护消费者的感觉，这是格力创新密码中很重要的特点。

在一个消费者变化非常快，数字技术推动非常快的时代里，制造业和互联网最适合的不是赌，而是如何共生。也就是说，谁是你的对手不重要，重要的是你跟谁合作。制造业能够跟互联网去做很好的连接，你就会发现你真的能满足消费者所有的个性化需求。

对空调技术不断地投入，其实就进一步强化了格力跟空调之间的强连接。但是对于一个品牌来说，我相信格力有个梦想，这是一个品牌，不仅仅是一个产品，那它应该是要有丰富联想的，是可以让企业的产品能够给消费者提供更好的体验，更好的舒适感和更好的质量。

陈威如　　　　　　　　　阿里巴巴产业互联网研究中心主任

董总厉害的地方在于她能够把技术深化，努力投资。但是又能够在营销方面打动消费者，影响消费者的心智。

格力跟华为的创新有两个很大的不同，第一个是在发展阶段上，格力所属的家电行业是一个比较成熟的行业,所以说它的技术要做很大的突破。而华为所面临的电信行业,它是属于一个新兴的、一直在发展的行业,比如说从 4G 到 5G,所以华为在这个过程里,是先参考了国外的技术以后,再开始自主研发。第二个是在于格力的创新,在这个价值链条上是非常专注的,比如说空调,是全链路的创新。但是华为的创新,它就是一种生态圈的创新。

格力要能够帮助这个生态圈的其他伙伴取得成功,这样整个生态圈才会成功。

李光斗 中央电视台品牌顾问

董小姐是一个与时俱进的人,从她的身上我们看到了时代的进步,也看到了互联网强大的力量。

我的建议是,她在创新之外一定要有品牌的创新,尽快把格力空调的"空调"两个字去掉。格力是什么?格力就是一个品牌,就是一个生态,就是一个生活家电。这个时候,或许就是一个生态圈。

要么创新，要么平庸
 华刚

创新引领未来！
 刘 多
 2019.11.27

以人为车的创新
是中国走世界需要
加强发力
 任加刚

第 4 章

创新的三种境界和三个关键词

> 创新能力,就是你能够不断地通过自己的思考,来重构你原来所构建的体系,并且把它不断地往前推进,让你的企业不落后于时代。
>
> ——俞敏洪

创新者主持人手记

在访谈俞敏洪之前,他给我的印象就是亲切的俞老师。多年前,我为了出国留学备考 GRE,专程到北京上了新东方的复习课程。当时俞老师在毕业晚会上,专程过来和同学们聚会,还跳了舞,非常接地气。和俞老师第一次"接触"之印象:俞老师会和同学们打成一片,发自内心地热爱他的学生们。

第二次"接触"是在混沌商学院的一次聚会上。混沌商学院汇集了中国顶级的企业创始人和创投机构的合伙人,俞老师是混沌创业营第 4 期学员,我是混沌创投营第 2 期学员,和俞老师也算是校友,可以看出他真的是"活到老,学到老"。作为老师,他一辈子都在学习。

这天,我来到新东方在北京海淀区的总部,这是一次我向往已久的访谈。对于创业感受和行业发展,俞老师侃侃而谈。他谈到为何把"新东方在线"作为创新的第二条曲线,未来的"变与不变","不是为了国际化而国际化"……第一次和俞老师深聊创业的心路历程以及生活哲学,我感触良多,深受启发。

俞老师是商人中的文人,他能静下心来在堵车的时候随手用笔记本电脑写上几万字,让人敬佩。

俞老师也是企业家中的生活家和旅行家,他常常把生活的点滴

小事和旅行中的感悟整理成文字，和大家分享。

俞老师是教育界的"网红"，因为他敢讲真话，他的言论常常会在各种场合引发媒体聚焦，掀起话题声浪。俞老师还是"愤青"，在访谈过程中，他也会"义愤填膺"。聊到教育界的"创始人跑路"，他痛批是"情怀不够"。

"一个真实的有情怀的企业家"，就是我心目中那个真实的俞敏洪。

创新者画像

俞敏洪，新东方教育集团创始人，1962年9月4日出生于江苏省江阴市一个普通的农村家庭。他经历过三次高考，最终考入北京大学；他只有一次创业经历，却一口气把一家公司做到行业第一。从一介书生到"留学教父"，从0到1，从1到N……26年来，"中国合伙人"俞敏洪带领公司走过了创新的三种境界：

开中国培训业先河的开拓式创新；线上线下并举、全科教育的裂变式创新；结合传统与现代、科技手段与人文关怀的进化式创新……他让新东方进化为拥有超强生存能力的新物种，去实现他理想中的教育的真正价值和责任。

俞敏洪不愧是企业家中最有学者文化精神的人，文化人中最具企业家精神的人。

创新者绝招

认清创新本质,在传统与创新之间找到平衡。

创新者论道

创新的第一个境界

从 0 到 1 ——从无到有式的开拓式创新

1993 年 11 月 16 日,在北京西三旗的一个平房里,开了一间英语培训教室。踩上了时代的浪潮,这个培训班很快火了。它就是后来大名鼎鼎的新东方。在新东方的北京总部,有一面照片墙,记录了新东方一路走来的发展史。

俞敏洪:随便翻一翻,那时候给学生上课,这是早期的新东方课堂。新东方口号——从绝望中寻找希望,人生终将辉煌。这是学生排队报名的场景。三轮摩托车拉资料的。当时没电的时候用的汽油灯。早期的四合院，也是住宿部。这是当时的春晚。这是搬到大楼来的新东方教育，2005年的时候，更名为新东方教育科技集团。

陈姝婷：很多人在青春时代都曾跟新东方邂逅，大家多多少少都去学习过新东方的培训课程。您在创业之初，想过会桃李满天下吗？

俞敏洪：没有想过。当初从北京大学出来纯粹就是为了生存，并没有想到要把新东方一直做到今天。

20世纪90年代，中国掀起了一场轰轰烈烈的出国热。《大撒把》《北京人在纽约》等家喻户晓的影视作品，描写的都是出国热潮中那些不顾一切到国外寻找方向的国人。

1993年，北大毕业留校任教的俞敏洪，意外发现了留学培训市场的巨大商机，在校外办起了托福班，辞职创办了北京新东方学校。10平方米的小教室，一堆用毛笔写的小广告，一个刷广告的胶水桶，一台用来拉资料的破三轮摩托车……首创大班授课，老师没有标准课件，免费讲座吸引人报名；从个体户到中国合伙人，从合伙人到集团式运作；最早做在线教育……新东方每一点一滴的成长，都是一次从0到1、从无到有的创新。从无到有式的创新，是创新的第一个境界。

陈姝婷：新东方在创办和成长过程中，经历了哪些创新？

俞敏洪：在新东方之前，中国是没有大班教学的，新东方首创了200人以上的教学班级。

陈姝婷：200人以上的教学班级，那需要老师有很强的控场能力和个人魅力。

俞敏洪：我讲的课学生都喜欢。在招聘老师时我都是按照自己的讲课标准去招聘的。新东方是不给老师定教案的，需要老师自我发挥，要求老师以个人魅力和自己的才能来教学，所以形成了很特殊的叫作新东方风格的教学风格。

陈姝婷：就是没有标准的课件。

俞敏洪：是的。最开始的时候，当时全国所有培训机构的招生手段就是贴广告，但新东方首创的是以讲座的方式吸引学生来报名和报道。

陈姝婷：先搞个免费的讲座，把学生吸引过来，大家听过之后觉得好再报名。

俞敏洪：紧接着在1996年的时候，我邀请了徐小平、王强、包凡一这些我大学的同学和朋友，让他们从国外回到中国来跟我一起工作，把个体户模式做成了合伙人制度。在中国当时完全没有合伙人这个概念的情况下，新东方实际上是首创了合伙人制度。这个合伙人制度尽管不严密，但是在1996年的时候真的很创新。

陈姝婷：《中国合伙人》的原型。

俞敏洪：紧接着到了2006年，变成了新东方集团运作，当时集团公司这个概念其实在中国也没有流行开来。把合伙人改成集团运作机制，进行组织变革，其实也算是创新。

陈姝婷：组织上的创新。

俞敏洪：对，在2000年的时候，在全国其实没有任何一家做互联网教育的情况下，新东方就做了，跟联想合作，成立了新东方教育在线，就是今天在香港上市的教育在线公司。

陈姝婷： 商业模式上的创新。

创新点睛

企业的创新包括组织结构的创新、产品体系的创新、业务模式的创新、技术手段的创新、市场营销的创新、品牌宣传的创新……同时，人才需要吐故纳新，人才队伍的更新也是一种创新，这需要企业在人力资源制度上的创新。

俞敏洪： 一个组织它需要新鲜血液和新鲜思想，必须保持人才更替的状态，这是任何一个企业都必须面临的问题。人才更替有被动和主动，被动是很麻烦的事情，被动就是人家不想在这儿干了，而且是能干的人走了，不能干的人留下来了，越不能干的人越不想动。主动的就是我主动淘汰不能干的人，把能干的人留下来，给予他更多的创新和发展的平台。所以要有那种倒逼机制，把不能干的人给逼走，还要有纳新机制，把最能干的人从各个领域收纳到你的旗下来。

陈姝婷： 我看过您最近的几篇分享给员工的文章，也是关于人才的更替、组织的变革方面的。

俞敏洪： 人才就像我们血液中的细胞，每时每刻都有旧的细胞死去，新的细胞产生。如果旧的细胞不死，新的细胞不产生，人就危险了。组织结构创新很像是我们锻炼身体，我们的身体如果躺在床上一个星期不动，就生褥疮了。如果一直不动，肌肉就会萎缩了。如果再不动的话，骨骼就会疏松了。组织结构其实也是一样的，一个组织的结构如果保持不变，怕惹麻烦也好，懒惰也好，那么这个组织到最后慢慢就失去活力了，就会千疮百孔。

陈姝婷： 一个企业最大的发展基础就是人才的不断更替，以及组织结构的不断创新,以迎合新的发展需要和新的竞争局面。

俞敏洪:当然这个前提条件是这些人和组织结构能共同完成两件事情。第一件事情就是不断地更新和创新老百姓所需要的新的产品。第二件事情就是组织结构加上人才,必须使企业非常高效地运作。产品的不断迭代和组织高效的运作状态是最重要的。

陈姝婷:人才是教育领域最重要的竞争资源。关于吸纳人才,您认为新东方有哪些优势?

俞敏洪:第一,肯定要给员工足够的工资待遇。不论企业文化有多牛,或者老板个人多有魅力,人们首先是为了生存而来的,他如果在别的地方能赚到三万元,到你这儿只能拿两万元,他肯定不愿意来。当然,如果说你有另外一个方案说你拿两万元,拿了三年,你就可以拿到十万元,他可能也会留在这儿,那就是未来激励。所以,当你眼前的现金工资发放不足以激励人留在你这儿工作的时候,那么未来的激励就变成了非常重要的东西。这就是为什么很多公司宣称自己未来会上市,并且给员工发股权。

陈姝婷:有愿景,画大饼。

俞敏洪:尽管眼前的股权不值钱,但它上市以后就值钱了,所以现在拿着低工资也愿意。创业公司十有八九可能最后就倒闭了,但是人们依然愿意,愿意拿未来来搏一下。所以,在一个机构中,要不你就给人现在实实在在的薪酬和奖金,要不你就给人未来,让大家对未来有所期待,这两个是必需的前提条件。如果这两个都没有,你天天忽悠人,说我们做的是伟大的事业,我们企业文化很好,是没有用的。

陈姝婷:企业文化和伟大事业难道不重要吗?

俞敏洪： 企业文化和事业当然重要。企业文化是凝聚剂，可以让员工觉得企业是很坦诚、很透明的，可以聚集一群志同道合的人，心胸宽阔的人，人生观和价值观都很正确的人在一起做事，这是大家愿意在这儿工作的重要原因之一。再来说事业的重要性，你做的这件事情本身让人感觉到是在为社会进步和人类发展做贡献，那么大家就更加愿意来做。所以每一个企业都要去寻找自己存在的理由。

陈姝婷： 比如说阿里巴巴说让天下没有难做的生意。

俞敏洪： 因为商业运作靠这个，它意味着推动了社会的进步，像小米做的就是以最便宜的价格，为人们提供性能最好的电子产品。大家觉得这件事情做得有意义，因在某种意义上，它在拐着弯为人民谋福利，同样一个手机，同样的品质，别人要卖5000元，它只要卖2000元，这不就是为老百姓省下了3000元钱？像新东方这样，是在为中国的老百姓的孩子们提供成长进步所需要的帮助，那么它就变成了一个有意义的事业。

陈姝婷： 总结来看，新东方从0到1的创新，包括了组织、人才、文化、愿景等要素，是要达到一种什么样的标准？

俞敏洪： 在新东方，我要解决刚才说的几个问题，第一，新东方给老师的薪酬是不是有竞争力？第二，我能不能给他们未来？我必须要求新东方要占其一。第三，新东方的文化氛围怎么样？整体来说新东方的文化氛围到今天为止也依然非常健康。新东方鼓励独立思考，鼓励自由思想，鼓励员工的主观能动性，甚至鼓励员工出去创业。在新东方内部，我们鼓励坦诚的交流文化，有话直说。第四，我要确保新东方所做的事情是一件伟大的、值得做的事情。

创新的第二个境界
从 1 到 N——裂变式创新

公司组织、人才、文化、愿景等关键制度要素从无到有的构建和完善，是公司从 0 到 1 的创新，为新东方注入了创新的基因，并演变成一种成熟的、可快速复制的模式，由此催生了从 1 到 N 的裂变式创新。经过 20 多年的发展，新东方从小小的培训班做起，到 2006 年在美国上市，再到今天成为一家集教育培训、产品研发、服务于一体的大型综合性教育科技集团，不断尝试着裂变式创新。

陈姝婷：2018 年是新东方成立 25 周年，25 年来，您认为新东方经历了几次曲线？

俞敏洪：新东方的课程最早是针对大学生的出国教育，后来开辟了国内同步的教育，考研、四六级，紧接着就到了中小学，开始做的只有英语，后来把数学、语文等都加进去了，推行全科教育。紧接着我们开辟了学生的出国咨询，还有图书出版业务。现在还有幼儿园，所以我们有无数条曲线。你要问哪条曲线新东方未来能做到最好，我还真不好说，因为每一条曲线现在都在齐头并进地往前发展。当然了，未来需求更大的领域，比如说人工智能、儿童编程，新东方都有强大的研发团队在研发。如果说再往未来五年看的话，我觉得如果分得简单一点的话，新东方的第一条曲线就是地面教育，第二条曲线就是在线教育。

陈姝婷：关于第二条曲线——在线教育，未来的发展规划是什么？

俞敏洪：在线教育是未来中国教育发展的一个重要的方向，地面教育现在已经是几百亿元了,在线教育只有十亿元,还有几十倍的发展空间。所以必然是我们的第二条曲线。这也是我要把新东方在线教育单独拆开去香港上市的一个重要原因。如果我不把它拿到香港去上市,它就不是一个独立的平台;如果不是一个独立平台,它就不可能在未来独立地发展。

2019年3月,已经诞生14年的新东方在线登陆港交所,成为中国在线教育的港股第一股,以英语学习为入口,完善学前教育、K12等不同年龄段、不同学科的培训的全链条;以双平台战略为导向,建立线上、线下两个阵地协同运营;以股权投资为纽带,培育教育平台、内容、技术的生态系统。新东方创新的路径非常清晰。经过不断裂变,新东方一次又一次转型升级。

2020年,在线教育用户规模快速增长。我国在线教育用户规模突破4亿,新东方免费开放了多样化的学习资源,涵盖了中小学生、大学生、在职人士、家长、教师、教育创业者等群体,通过自主开发的OMO系统,平稳地将线下课程转移到了线上的小班直播。2020年4月发布的新一季财报显示,公司利润同比增长41.4%。

陈姝婷:现在很多行业的头部企业都在打造自己的生态圈,比如说海尔做了海创汇,孵化一些它自己生态的上下游的企业。

俞敏洪:我还去参观过。

陈姝婷:新东方也是在做战略投资。比如说投资了松鼠AI教育、凯叔讲故事等,新东方是如何做自己的生态圈的?

俞敏洪:投资的时候就是看项目的创新意识。项目有偏向于平台的,有偏向于内容的,有偏向于技术的,有偏向于传统的,我都投,但是把它们合起来以后,确实在某种意义上能构成一个生态圈。新东方到现在为止投了有接近100家教育公司了,大部分还在,其中的1/3在蓬勃发展,构成了比较好的新东方生态关系。

陈姝婷:那投资这些企业一般都是在早期吗,在天使阶段或者是A轮?

俞敏洪:要看情况,天使阶段的多一点,但是在B轮、C轮的也不少。一般好的创业公司我们看上以后会持续支持,所以我们有的公司,比如说刚才你说到的凯叔讲故事,我们是A轮、B轮、C轮、D轮都跟。

陈姝婷:有覆盖不同人群的全科教育,有线上,有线下,有实体,有投资,既做产品,又做平台,您认为大而全是一个行业龙头企业的必然之选吗?

俞敏洪:我觉得大量的教育公司应该是做垂直专门业务,至少刚开始是这样。逐渐有了经济实力以后,如果觉得大而全是企业发展方向,也可以考虑。因为新东方做得比较早,而且做得比较大,所以我们做了一个比较完整的产业链。

陈姝婷:教育公司能做完整产业链的不多。

俞敏洪:可以说新东方是现在国内唯一一家在完整的产业链上做成功的教育公司,比如说K12做得比新东方好的,有好未来,但是它的大学生业务、出国业务,至少到现在为止还处于摸索阶段。新东方是大学生业务、出国业务、中小学业务、幼儿园业务、图书出版业务、出国咨询业务都做起了,而且都做得不错。

陈姝婷:对。这也是因为新东方这么多年的积累。

俞敏洪：其实多点开花也降低了新东方的运营效率，我不建议大家都这样，比如说我们在任何一个地方的学校，这些项目都要懂，不懂的话就执行不下去，但是都要懂就意味着是个全才，而全才需要更长的学习时间。这么多的部门，互相之间的协调就要耗用大量的时间。现在如果让我重新选择的话，我极有可能不会这样全面发展了，我可能会选择一个点把它做透，形成一个专业的教育品牌，我个人可能更加轻松，新东方需要的人才可能更加好招一些。

创新的第三个境界

基业长青——进化式创新

教育是全世界最古老的行业，孔子是中国第一个独立的教育家，自孔子时代开始，两千五百多年的历史长河中，教育先贤们总结出的大量精辟的教育原则，如因材施教、启发式教学、学思并重、推己及人、立志力行、有教无类等，至今仍是后世教育的主导原则。作为创新者，俞敏洪如何在这一拥有几千年传统的行业中做到颠覆与坚守，权衡变与不变？在经历了从无到有的开拓式创新，从1到多的裂变式创新之后，一家企业要想基业长青，持续不断的进化式创新如何展开？

关键词一：传统与现代

陈姝婷：您认为新东方传统吗？

俞敏洪：传统不是一件坏事，我为什么喜欢去欧洲旅行？因为欧洲在传统之上加入了很多现代的因素，是传统和现代的结合。我觉得对任何一个机构、企业，划分它是传统的还是创新的，相当于不是左边就是右边这么一个概念。有的企业偏向于更坚守传统，在传统之上创新。有的企业坚守创新，扔掉更多的传统，这都不是坏事。新东方是在力求两者之间的平衡。

陈姝婷：平衡的哲学。

俞敏洪：对，所以我不会做到那么极致。比如说几年前就有人向我建议说，俞老师，你只要把新东方的地面课堂全部关掉，新东方立刻就变成全世界最大的在线教育公司。因为我们有几百万名学生，全部转成线上教学的话，我们能留下来大部分。而且通过这样一个变革，新东方的股价也能够提升。

陈姝婷：更有概念了。

俞敏洪：对，更像一个概念股了。但是我想了一下，就一口回绝了。为什么？因为我从教育的本质上来判断，我认为对于一个孩子的成长，最重要的要素是人与人面对面的交流。

陈姝婷：虚拟交流替代不了面对面交流。

俞敏洪：虚拟交流会起到一定的作用，但是面对面的交流会起到更多的作用，对孩子更深入地了解，引导也会变得更正确。

陈姝婷：还有师生之间的情感。

俞敏洪：对，所以实际上我的坚持不是说我没有办法去变，而是因为我觉得坚持老师和学生面对面教学这件事情，未来是一个永恒的话题。举个例子，中国传统的仁、义、礼、智、信，温良恭俭让这些道德观念，还是特别有价值的，唐诗宋词绝对具有非常高的传统文化价值。但是如果你现在非要用唐诗宋词来跟人交流，那也没有必要，是吧？你该用现代词汇用现代的词汇，该用能融入90后的语言就用能融入90后的语言，这个都没有问题。所以我觉得最重要的还是你自己的融合能力，而不是说我非要去对外界塑造一种什么样的形象标签。外界认为我传统,外界认为我创新,对我来说有什么区别呢?

陈姝婷: 就是坚守传统,勇于创新。

俞敏洪: 对,还是你自己要去度量你的企业变革,你的创新应该在什么时候发生,用什么方式发生,对于你的企业来说是最佳发展的状态,我觉得这是最重要的。

陈姝婷: 因为中国现在做双创,各大领域都有新经济公司异军突起,在教育领域同样出现了像好未来、精锐教育、VIPKID等这些新经济公司。

俞敏洪: 好未来和精锐教育都不算是新经济公司,因为它们到现在为止的模式跟新东方也是差不多的。在线教育是完全突破了传统教育界限的,你刚才说的VIPKID是一个,因为它是完整的,等于说是没有任何地面教育,并且它的师资力量全部来自于国外,这在中国原来谁都没有做到过,所以算是一个不错的创新。

创新点睛

互联网要有速度,而教育要有温度。在线教育侧重传输"知识与技能",讲解"过程与方法",而"情感态度与价值观"却难以兼顾,也并未受到重视。教育根植于爱,做有温度的教育,这是俞敏洪坚守线下的初衷,也是线下教育不能被取代的原因。

关键词二:颠覆与守候

进入2020年,5G与产业的融合驶向快车道。5G与教育的结合,将大幅提升线上、线下教育的互动体验。而AI、VR/AR等技术的运用，将使沉浸式教学、个性化教学成为现实。新东方也在不断运用技术探索对教育边界的突破和对教育体验的改善。2018年，新东方成立 AI 研究院，研究探索人工智能在教育领域的发展方向及应用。2019年，新东方发布了智慧教育城市解决方案，基于 AI 平台，以学生学习为中心，构建了涵盖教学、学习、教育管理与决策的系统化区域性发展体系。此外，AI 技术和产品也已应用到新东方线下智慧课堂以及在线直播教学中。

陈姝婷：在新技术的推动下，各大教育企业都在试图运用技术重塑行业格局，新技术能够在教育行业掀起一场革命吗？

俞敏洪：技术的方式推动了教室革命，弥补了中国很多教育方面的不足，比如农村和山区的孩子教育。人工智能也帮助学生解决了很多课前、课中、课后的问题。我们在教学里面要用大量的科技元素，这个当然是要加进去的。用机器人来给孩子上课这种方式，现在在做实验，尽管没有百分之百的成功，但是六岁以前的孩子，机器人基本上已经可以教了，因为六岁的孩子问的问题的宽度是有限的，所以人工智能可以预先全部设定好。

陈姝婷：教英语什么的基本上没有问题了。

俞敏洪：但到了七八岁以后，机器人还做不到。因为孩子已经可以突发奇想了。一旦孩子突发奇想，机器可能会调不出数据。

陈姝婷：技术的变革能否颠覆整个教育行业？

俞敏洪：很多人会认为创新是技术的应用，或者是把原来的推翻重来，我觉得如果这样定义创新肯定是错的。任何创新都是在原有基础上的创造和发展，而不是凭空而来的。如果说没有哥白尼、伽利略,没有亚里士多德的地心说,就不会有牛顿的万有引力,人类的进步和发展,都是基于前人的经验,也就是说,没有经验甚至错误就不可能有发展。常常有人问企业创新的时候说,你做了什么?把前面的什么推翻掉了?你的高科技是怎么应用的等,这些问题都有失偏颇。真正的创新实际上是在原有基础上的改善,改善到一定程度产生了量变和质变,这就叫创新。

陈姝婷: 很多人说,要验证一个公司的能力,就是要穿越多个周期,新东方是伴随着改革开放的发展穿越过多个周期的,这样一家教育公司,在面对新经济公司的异军突起和竞争的情况下,如何保持行业老大的地位?

俞敏洪: 在有文字以前,教育只能口口相传,西藏的《格萨尔王》,希腊的《伊利亚特》《奥德赛》,全是在没有文字之前的说唱文学,后来有了文字,有了印刷术,有了书,人们学习方便了,普及了。再后来有了电视,教育的传播不光是靠文字传播,还有视频传播、声音传播。紧接着有了互联网,可以更加个性化地传播,随时随地地传播。互联网带宽的增加,互动技术的提升,使大家可以双向传播,无边界地传播。现在人工智能的应用,可以摆脱人,用智能的方式来传播,所以技术推动了传播方式和教育手段的变化。然而,教育的实质是不会变的。教育从古到今就是培养人的知识、人品,各方面的能力,让人能够跟上时代,为自己谋得生存的权利,争取更大的发展的权利。从这个意义上来说,教育的传播方式千变万化,但是教育的本质是不会变的。所以你刚才问的,新东方在这样的一个千变万化的时代要怎样存续下去,道理就非常简单了。

陈姝婷：坚守教育的本质？

俞敏洪：第一，你有没有坚持教育的本质？为什么世界千变万化，新东方依然喊出了新东方老师好的口号？我们觉得老师永远是第一生产力。第二，在创新手段上，你能不能跟上时代？也就是在现在高科技应用到教育领域的时代，新东方能不能跟上潮流？把这两个方面坚持好了，没有任何人能推翻你。第三，我觉得要坚持的就是按照自我发展的节奏去发展，没有必要人云亦云，没有必要赶新潮，赶时髦，没有必要为了证明自己的与众不同，故意去哗众取宠。

创新点睛

创新经济学之父约瑟夫·熊彼特认为：企业家要做的，就是把现有的要素重新组合，创造出新的产品、技术和服务，创新就是创造性地组合现有的要素。创新不一定是无中生有，不一定是颠覆，而是要素的重新组合，运营的流程再造，思想意识的头脑风暴。在教育领域，一些教学手段是需要被颠覆的，但是教育的本质应该是循序渐进地、更好地培养学生。

关键词三：变与不变

这个世界每天都在千变万化，但是总有一些东西是不变的。对于在中国传承了几千年的教育行业来说，无论技术如何变革，教育的本质、教育的精神是永远不变的。人工智能改变了教育，改变了课堂，但不变的是以学生为中心。而对于一个企业家来说，无论时代如何变化，永远不变的是企业家精神和情怀。

俞敏洪：我觉得企业家精神首先是一种解决问题的能力。因为企业创造的产品也好,服务也好,首先是为了解决某个具体的问题。如果不解决具体问题,或者说别人已经解决了,你只不过是因为市场很大,想去分一杯羹,我觉得这就不具备企业家精神了。其次是规模化的能力,因为做小生意肯定没法体现企业家精神。在能够聚集资源的前提下,不管是人的资源,还是物的资源,能够把某件事情做大,最后能够在多方面做出贡献,我觉得就体现了企业家精神。再次就是创新能力,就是能够不断地通过自己的思考,来重构你原来所构建的体系,并且把它不断地往前推进,让你的企业不落后于时代,往前发展。最后,我觉得真正的企业家必须要有济世救民的情怀。

陈姝婷:教育行业的比拼,您认为最关键的是什么?是技术还是商业模式?还是什么?

俞敏洪:情怀。

陈姝婷:为什么是情怀?

俞敏洪:当然,技术和商业模式很重要,但是如果做教育的人没有教育情怀,最后一定就把教育搞砸了。那些动不动就跑路的教育公司,动不动就出教学质量问题的教育公司,都是因为教育情怀不够、赚钱情怀很足造成的。

陈姝婷:您给新东方定义的愿景是成为最有文化价值和历史价值的教育公司。

俞敏洪:我们认为中国需要有全面发展的人才,而不仅仅是某门课考试成绩很高的人才。我们在新东方的课程体系中,除了帮学生提高分数以外,还把德智体美劳的一些因素设计进去,就是给家长、家庭、社会带来意外之喜,他们说我们本来把孩子送到你这儿只是希望提高分数,没想到孩子现在性格变得更加的开朗。

陈姝婷:德育、美育。

俞敏洪:对,更加愿意为未来去奋斗,我觉得我们一定意义上就已经获得了令人尊敬的因素。要让学生变得更加开朗,要让学生更加喜欢学习,要让学生更加愿意走向广阔的世界,这也是20世纪90年代,我教了整整十年书的时候,那么多的学生最后很感谢我的一个重要原因。他们见到我的第一句话通常都是说,俞老师,我还记得你当初说的什么什么,你说的这句话激励了我一辈子。

还有一个层面就是有文化价值。什么叫文化价值呢?就是对于推动中国社会的进步,甚至中国历史的进步能够起到一点作用,这个要求就是比较高的了。

创新点睛

从一介书生到"留学教父",俞敏洪的成功,不仅仅是一个传奇的个案,也是一个时代、一个群体的探索与坚持。传统和现代的结合,守旧和创新的结合,在变与不变中保持清醒,维持平衡,步步为营,让企业不落后于时代,是进化式创新的精髓。

创新解决方案

陈春花　　　　　　　　北京大学国家发展研究院 BiMBA 商学院院长

与时俱进是新东方接下来能够真正成为创新引领者最重要的密码。新东方在创立的时候,真的是迎合了市场的一个非常大的需求,这也是新东方能够成功的很重要的原因。

围绕教育本身这个产业或者产品来讲,它必须要打造的一些要素,还是要努力地打造出来。怎样借助于互联网满足个性化的需求,而不是固守在原有的需求当中,可能这对于传统做教育市场的企业具有很大的挑战。无论是新东方还是新东方在线,它们各自的发展都是更加有利的,更加能够产生价值的。而最核心的应该是最终在消费市场端创造一个协同的价值,然后看到它对这个市场的推动。

李光斗　　　　　　　　　　　　　　　　中央电视台品牌顾问

俞敏洪是一个不断创新的人,我祝福新东方能够在互联网+这样的生存状况下,能够不断地求新求变,而且能够变成全世界教育品牌的一只领头羊。

单打独斗的时代已经过去了,新东方一定要抱团打天下。我觉得新东方要在教育培训里做到一家独大,而不只是出国培训。对于K12教育、在线教育,我觉得应该采用像章鱼似的品牌生态方式,尽快收割市场。

周鸿祎

第 5 章

在颠覆中创新

祝愿《创新者》节目
推动中国创新创业文化
360周鸿祎

> 颠覆就是创新,是用一种新的思维,新的技术,新的商业模式,去改变原有的商业格局,去推动社会和商业世界整体的进化。
>
> ——周鸿祎

创新者主持人手记

360 创始人周鸿祎是中国互联网界极具代表性的创新者，总是以颠覆者的形象出现。

来到周鸿祎的办公室，他正在午休，听 360 员工说，董事长喜欢中午在办公室里小憩，下午接着工作。周鸿祎的办公室很朴素，办公桌上摆放着全家福照片和他喜欢的飞机模型。

周鸿祎果然如外界所描绘的"红衣教主"那样，一身红衣，非常亮眼。

生活中爱好射击，挑战攀岩；静来喜欢听古典音乐。

一向以"硬汉"形象示人的周鸿祎，在访谈中提到唯一的缺憾是没有更多的时间陪伴家人和子女成长。

在颠覆中创新　周鸿祎

创新者画像

周鸿祎，1970年10月4日生于河南，360公司创始人。程序员，理工男，网络斗士，红衣教主，首创互联网的免费模式，在每一个人物标签的背后都是颠覆，每一次耀眼和张扬的举动背后都是创新。周鸿祎在业内扮演了这样一个角色——令对手心存畏惧的挑战者。他创建了中国最大的互联网安全平台，把复杂的用户体验变成一键清理，是互联网界极具代表性的"创新者"，中国互联网发展的参与者、推动者和见证者。他开拓了360安全大脑，构筑起大数据、大安全时代的诺亚方舟。

创新者绝招

无所畏惧，敢于冒险，豁得出去，也收得回来。

创新者论道

陈姝婷：您认为创新是什么？

周鸿祎：创新就是想别人不敢想的事，做别人不敢做的事。Think Different，苹果公司的这句广告语是对创新最好的描述。

陈姝婷：从创立至今，360有哪些创新的举动？最大的创新是什么？

周鸿祎：360最大的创新是在安全上做的创新。第一个创新，是我们做免费杀毒，在商业模式上颠覆了一个传统的安全市场。第二个创新,是从用户体验上创新,使得用户可以一键清理,可以一键杀毒。第三个创新,也是全世界第一个做的,就是通过云端的人工智能学习,来发现各种未知的威胁、潜在的攻击。我们完成了从商业模式的创新,到产品体验的创新,到最后积累了足够的实力,完成在技术上一个大的创新。

创新的含义是多维的,有渐进式创新,改良式创新,颠覆式创新。

渐进式的创新,是通过不断的、连续的微创新,渐进积累,促使创新发生连锁反应。

改良式创新,是在传统与创新之间把握平衡,把原有的产品做得品质更高,成本更低,用户体验更好。

颠覆式创新,是用一种全新的商业模式强行切入,使得一个产业被动摇,行业格局发生变化,原来的优势企业遭遇挑战。

陈姝婷: 为什么您更偏爱颠覆式创新?

周鸿祎: 我觉得从成功率来讲,一定要做颠覆式的创新,而不是做改良式的创新,我觉得改良式的创新模式很难成功。很简单,当你跟行业里的大公司竞争的时候,他们比你更有钱,他们比你更有资源和用户,如果你按照他们的游戏规则来玩,即使你做一些改良,大公司马上会做出反应,马上会迎头赶上,我觉得一定要做别人今天想不到的事情。

陈姝婷: 如何做颠覆式创新?

周鸿祎: 做跟别人反着来的东西。你卖钱我就免费,有的东西可能你免费,但我可以提供收费的服务,或者说你这个产品主打功能大而全,我会做非常窄的东西。就像在股市里面,巴菲特说别人贪婪时你恐惧，别人恐惧时你贪婪。

"招安"——颠覆自我定位

"我独爱颠覆者，尤其是在今天的中国互联网环境里，敢于颠覆尤为可贵。"周鸿祎在他的自传《颠覆者》中如是说。

周鸿祎小时候是典型的"熊孩子"，父母对周鸿祎的唯一要求就是别惹麻烦。可是，周鸿祎似乎永远"长不大"。1995年，从西安交通大学计算机系毕业的周鸿祎，就职于方正集团。3年后，周鸿祎就离开了方正，自己创建了北京三七二一科技有限公司，推出3721中文网址，提供网络实名中文上网服务，该服务覆盖了当时90%以上的中国互联网用户，拥有数量超过60万的企业客户，占据中国付费搜索市场40%的市场份额。

周鸿祎：我觉得我的创业初衷很简单，因为我从小就喜欢玩电脑，初中就开始学编程，所以我特别喜欢去做一些东西，从小到大的想法没有变过，就是希望能够做出一些别人没有想到的产品。因为我们不是政治家，也不是经济学家，我们就是一个产品经理加一个工程师，但是我这样的人也能改变世界，改变世界的唯一方式，就是做出一个好的产品。

当时的市场上，流氓软件横行。周鸿祎为推广3721，想到了在浏览器地址栏做插件的方式。即当用户打开某个网页或安装某个软件时，3721插件就强行安装进用户电脑，而且无法卸载，并不断弹出弹窗广告，3721由此被视为流氓软件。中国大多数的互联网公司，为了打击对手，做出了各种插件，最终导致用户的电脑成了战场，经常出现蓝屏、死机现象。网络上的病毒、木马、盗号行为数不胜数。

本来立志做搜索的周鸿祎，发现了一个新的商机：这既然是用户的痛点，为什么不去改变思路，顺着用户的痛点，去寻找一个新的定位呢？2006年8月，周鸿祎创立奇虎360科技有限公司，做电脑的"保安"。"招安"后的周鸿祎，推出了专门对付流氓软件的杀毒软件——360安全卫士。对各种流氓软件进行了无情的剿杀。从此开始，360始终把保护网络界的安全当成自己的使命。

周鸿祎：从软件到计算机到互联网这个行业，一直都有梦想成真的机会。一个人有一个好的想法，就能单枪匹马做出一个软件，今天可能是做出一个App，明天可能做出一个小的智能硬件，就有可能一夜之间让很多人喜欢他的产品。

一个颠覆自身角色，颠覆自我定位的创新，让360发现一片新的蓝海，前途一片光明。

创新点睛

中国改革开放以后的创业史，可以分成三个阶段，84派如张瑞敏、柳传志、李东生，是最早的一代创业者，他们从无到有，把握了计划经济向市场经济过渡和短缺经济这样一个特殊的历史时期；92派如陈东升、冯仑，是第二代创业者，他们的历史机遇在于改革开放的深入和地产的崛起；互联网人属于第三代，代表人物有张朝阳、王志东、丁磊、马化腾、雷军、周鸿祎等，互联网一代的创业者，用雷军的话说，他们是靠《硅谷之火》那本书在心里面烧着的火，一直烧到现在。

早期借鉴国外模式，如周鸿祎程序员出身的技术功底，加上资本的情有独钟，中国庞大的用户基础，使得中国第一代互联网人创业成功的概率很高。

免费——颠覆商业模式

中国第一款真正意义上的杀毒软件是 1994 年诞生的江民杀毒软件,之后随着金山和瑞星的崛起,形成了江民、瑞星、金山三分天下的格局。当时,做杀毒软件的大厂商都是为付费用户提供服务,很多用户都在使用盗版的杀毒软件。

陈姝婷:2008 年 360 推出的杀毒软件,它实际上并没有在产品上创新,因为杀毒软件并不是 360 发明的,很早就有了,那 360 怎么做颠覆式创新呢?

周鸿祎:坦率地说,杀毒这个行业已有 20 年,但是颠覆式的创新不单纯是技术的创新,也不单纯是产品的创新,很多时候是商业模式的创新。我觉得网络安全要像搜索、电子邮箱一样,成为互联网的基础服务,应该是免费的。所以我们做免费杀毒,在商业模式上颠覆了传统的安全市场,使得每个人都可以没有障碍地在电脑上、在手机上使用免费的安全杀毒软件来保护自己。

陈姝婷:传统的商业模式都是羊毛出在羊身上,做什么在什么上赚钱,如果你不能在你所生产的产品上产生现金流,那你公司的运营是无以为继的。免费如何赚到钱?

周鸿祎:通过免费,我们得到庞大的 C 端用户,推荐他们用 360 的浏览器,用 360 的搜索,就可以推出增值服务,同时,还可以面向 B 端做推广服务。

360 成为互联网免费的"罪魁祸首",奠定了在杀毒软件市场的龙头地位,用一种新的商业模式,推动了行业整体的进化。2010 年,杀毒用户规模突破 1 亿。360 开始借助"网络安全平台"

拓展业务线，通过向用户推荐360浏览器，通过导航、搜索、网页游戏等业务获得了丰厚的利润。2011年3月30日，奇虎360在美国纽交所上市。

创新点睛

商业模式都是试出来的。在互联网领域，周鸿祎的创新彻底颠覆了原有的商业格局——把"羊毛出在羊身上"变成"羊毛出在狗身上，猪来买单"。传统的付费是收取了金钱，互联网实际上是开发了流量、关注度的价值。周鸿祎的免费模式，破解了互联网盈利的一个密码，从这个意义来讲，对这个行业的贡献是巨大的，也为其他行业提供了一种新的思路。

执念——颠覆体验

陈姝婷：当360在杀毒软件市场已经处于龙头地位时，您如何做创新？

周鸿祎：360当年能够异军突起，很重要的是我们能够去做一些别人没有想到的事情。过去我们有个误区，以为创新就是发明一个很大的东西，这个当然也是创新，是了不起的创新。对商业模式做了改进，也叫创新，包括今天推广方式的创新，用户获取渠道的创新，甚至销售和营销方式的创新，我觉得都是创新。应该把创新的神秘面纱揭开，让创新从神坛上下来，使得每个人都可以简单地去做创新。

陈姝婷：这种创新要颠覆谁呢？颠覆什么呢？

周鸿祎：真的在做创新的时候，不一定要把颠覆挂在嘴上，也不一定要盯着行业里别的公司，还是要盯住你的用户。颠覆并没有那么神秘，主要是翻来覆去地做两件事：让东西越来越便宜，让用户体验越来越简单。我们从用户体验上创新，就使得一个很复杂的安全软件，用户可以一键清理、一键杀毒，而不需要把自己变成一个技术专家才能处理电脑变慢，或者手机变卡了等问题。

《乔布斯传》里面有这样一个情节：乔布斯拿着初具雏形但还比较粗糙的个人计算机去找惠普公司合作，但被惠普拒绝了。因为在惠普看来，相比当时的计算机，乔布斯研发的东西最多算是一个玩具。确实，20世纪70年代的计算机绝对算得上是一个"庞然大物"，以至于必须得放置到机房里。用户想用计算机，必须得先预约，然后穿上白大褂，换上拖鞋才能进机房。乔布斯的个人计算机，比不上大型机强大的计算能力，但是我们今天来看，它的优点就是方便。对于现在很多已经习惯使用智能手机的人来说，方便，是对用户体验的一种颠覆。

陈姝婷：现在有句话是：这个软件很友好，界面友好，操作简单。用户如果要通过很多步骤、看很多的使用说明，才能使用一个软件，那这个软件就不友好。

周鸿祎：把一个产品改得用户体验更简单了，也叫创新。我们不是政治家，也不是经济学家，但是我这样的人也能改变世界，我改变世界的唯一方式，就是做出一个好的产品。

陈姝婷：通过做出好产品获得成就感？

周鸿祎：很多人觉得公司上市赚了笔钱就很开心，但是对我来说，远远不如做出来一个产品很受用户欢迎。就像你刚生了一个孩子,发现她生出来五官都很正常,身体也很健康,你就会觉得特别的开心。所以有的时候我也在感慨,这就是宿命,我骨子里是一个产品经理,一个工程师。

免费是吸引用户初次使用的重要动力,而要想持续留存用户,体验是关键。用户需要的不是免费的产品,而是好用的产品。当手机行业热潮来临的时候,360不跟风,当O2O模式大行其道的时候,360不为所动。理工男周鸿祎有一种执念,通过做出一个好产品去改变世界。

创新点睛

创新,是对产品偏执的追求。颠覆式创新的内涵,不仅仅是一出场就挑战群雄,到处树敌,杀气腾腾,颠覆式的创新也包括找到市场中一个针尖一样的突破点做微创新,坚持持续微创新,少则5年,多则8~10年,最后达到用户体验的全新升级,形成颠覆。

未来的创新:安全大脑

目前,360公司PC安全产品的市场占有率达到95%,移动安全产品约占市场70%的份额。电脑和手机安全市场接近饱和,360未来的创新会在哪里,颠覆又会在哪里发生呢?

物联网、工业互联网、车联网……万物皆可编程,一切均可联网,随着人工智能的进一步发展,人类生活实现了前所未有的高效、便利,同时,也打开了一个潘多拉魔盒。大数据让每个人的信息都赤裸裸地暴露于大庭广众之下,毫无隐私可言。越来越多的漏洞和未知的攻击,不知道会发生在什么地方、什么时间。个人信息安全应如何保障？

大数据时代，网络安全谁来保障？

陈姝婷：你认为大数据时代的到来，对于互联网来说是助力还是冲击呢？

周鸿祎：当然是助力了，有了大数据之后，用深度学习这些算法，才能够把很多用户的数据实时搜集上来，才能够把各种人工智能的能力表现得淋漓尽致，才能够让我们的生活变得更方便！但是大数据带来的负面问题就是个人数据隐私的泄露，在这样一个时代，除非你不用信用卡，不用手机，不用任何App，否则，你的数据一定会被传到网上，你通过出让这些数据的使用权，获得了很多互联网的免费服务。

陈姝婷：这个问题有办法解决吗？

周鸿祎：我认为首先要定义大数据的所有权归谁，比如说你使用了一家公司的服务之后，这家公司就知道了你所有的聊天记录，你所有上传的朋友圈照片，但严格说这些数据应该是属于你的，今天只是托管到这些公司的服务器上，如果有一天你认为应该把它删掉，公司应该配合删掉。只有把所有权弄清楚了，政府才有法可依，才能真正地保护好用户的隐私。

陈姝婷：对于互联网用户来讲，他们的隐私信息应当如何得到保障？

周鸿祎：第一，我认为国家应该有相应的立法，就是要求互联网公司如果拿到用户的数据，必须有责任来保护用户的数据。第二，在互联网公司收集和使用用户数据的过程中，用户要有知情权和选择权,也就是说你到底拿了我什么数据,你要告诉我。第三,如果用户对这些数据有顾虑,可以拒绝提供,也可以拒绝使用互联网公司的服务。

陈姝婷: 很多互联网公司现在只知道一味地收集数据,因为用户数和数据信息也是公司价值的一个重要体现。

周鸿祎: 但他们缺乏安全管理的能力,数据库加密做得不好,甚至都没有做加密,服务器可能有漏洞,可能被黑客入侵。黑客入侵之后如果把数据拿走了,可能会再去做进一步的侵害。

陈姝婷: 一般公司并不是做这个专业的,确实需要专业的支持。

周鸿祎: 现在很多单位虽然都意识到这个问题,但是还没有保障安全的能力,360作为中国最大的安全公司,也在帮助很多有用户数据的单位做安全加固,使得用户的数据在他们的服务器里不会被窃取。

陈姝婷: 除了个人互联网信息的安全以外,工业互联网安全也很重要。为什么工业互联网安全跟我们每个人的生活也是息息相关的呢?

周鸿祎: 工业互联网就是把很多工业设备比如说电梯、地铁、高铁、机场设施,还有发电站设备等,都通过互联网连到一起。过去,互联网攻击可能攻击不到工业设施,但现在连到一起之后,已经有很多黑客部队、网络军队专门研究如何通过互联网来攻击这些工业基础设施。比如黑客部队多次通过互联网攻击乌克兰的电站,使得乌克兰大面积停电。

陈姝婷: 这关系到国家的安全问题。

周鸿祎： 过去要出动轰炸机扔炸弹才能做到的事，现在通过互联网发一封带病毒的邮件就可以实现同样的效果。所以，我们生活所依赖的这些基础设施一旦遭到攻击，整个社会都会陷入混乱，未来网络袭击的效果不亚于核武器。最近几年各国对网络基础设施攻防方面都非常重视。

大安全时代，360 的国之重器

网络战总是不宣而战。其实，个人信息的保卫战和国家网络安全保卫战早已打响。这个时代需要一个超强大脑。360 安全大脑于 2018 年 5 月推出，它拥有着总样本数超过 180 亿的全球最大程序文件库，拥有每天 800 亿活跃网址访问记录以及全球 80 亿条域名信息，可以对全球网络安全进行全天候、全方位的监测和预警。周鸿祎正在用这个安全大脑筑牢"新基建"的"安全地基"和网络战的防御体系。

周鸿祎： 软件都是人写的，只要是人写的软件就一定有漏洞，每 1000 行代码至少有 5 个漏洞。你用的手机里可能至少有几百万行甚至上千万行代码，更不要说你生活的城市里边，几亿行十几亿行的代码，这里面会有很多漏洞，那么这些漏洞一旦被黑客利用，就有可能会带来巨大的伤害。

陈姝婷： 如何提高整体的网络防护能力呢？360 在安全防护方面有什么创新呢？

周鸿祎： 黑客之所以能畅行无阻，也不是他们水平有多高，实际上是因为系统有漏洞。原来那种通过预先研究黑客用什么模式攻进来的防护方法，已经不是很有效了，现在有效的方法，也是 360

首创的方法,就是通过采集网络流量大数据来观察,哪怕黑客攻进来,是利用了一个我不知道的漏洞,他多多少少都会留下一些蛛丝马迹。比如可能有一些奇怪的程序在运行,对一些奇怪的服务器地址的访问,通过大数据能够感知到、检测到已经存在的攻击。

陈姝婷: 所以安全界还存在一些认识上的偏差。

周鸿祎: 今天想通过某些技术实现我的网络系统别人攻不进来是不可能的,但是通过这种云端大数据和人工智能的侦测,再加上安全专家的服务,基本上能够在别人第一时间攻进来的时候感知到,能够做出相应的补救。

2020年初,360安全大脑全球独家捕获"新型冠状病毒"远控木马,该木马程序伪装成名为"全国新型冠状病毒肺炎疫情实时动态"的链接大肆传播,以此获取他人计算机的控制权限。360安全大脑第一时间分析木马并将相关信息上报给公安机关,在公安部网安局的统一部署下,仅用20天极速端掉木马制作者窝点。

陈姝婷: 未来网络安全将会变得越来越重要。那你认为有没有比较好的整体解决方案呢?

周鸿祎: 目前网络安全界对此问题有争论,有人比较悲观,认为没有什么好的方案,就是兵来将挡、水来土掩,去被动地应对。还有人比较乐观,就在努力希望能够一劳永逸地解决问题,我觉得悲观的一派过于悲观,乐观的一派过于乐观。过去十年,360在网络安全攻防上积累了大量的经验,也积累了大量的安全大数据,我们也跟很多黑客部队在不断地交手,在过去的几年里协助国家有关部门破获了几十起利用木马对我国进行间谍渗透的案件。我们正在帮国家做一套安全大脑,我们不追求让别人攻不进来,但是能够在别人攻进来的时候感知到,并且能够反制,我觉这个思路可能会成为保证网络安全比较有效的方法。

陈姝婷: 过去几年,您协助了一些国家部门做网络安全这件事,我突然有这样一个想法,您觉得未来在数字世界中的合作机制会有什么样的创新?

周鸿祎: 数字世界发生巨大改变的原动力是 open source(开源),开源本质上是一种优秀的创新机制。我国过去三十年没有诞生引领世界的操作系统的原因之一,便是没有重视开源机制。今天科技的发展,国家和整个社会的改变,背后的软件越来越复杂,复杂到构建一些大型软件单靠少数人,乃至于某些大企业甚至一个国家的力量,都是不够的。未来互联网大型软件的创新、物联网的创新,可能不再依赖一个企业,乃至于一个国家的力量,更应该靠全社会,乃至全世界的开放、包容与合作。

陈姝婷: 科技的创新需要全社会的合作,形成一种合力。

周鸿祎: 我举两个例子,IBM 收购了最大的开源数据公司红帽子,微软收购了最大的开源代码公司。今天中国 AI 的发展,是基于我们有用户,我们有数据,但是我们用到的 AI 计算框架,都是基于国际开源的代码发展来的。在过去的很多年里,我们享受了一些开源红利,甚至有些公司把国外开源的东西拿过来变成自己的东西,反而变成了闭源,这样的情况很难产生持续的创新。

过去的十年里,360 成为世界上拥有最大规模的网络安全大数据的公司,有几千名专业的安全专家,12 个安全研究中心,17 支攻防团队。周鸿祎表示，愿意把安全大脑的资源和技术开放出来，与企业、科研院所、高校等深度合作，共同把"360安全大脑"打造成信息领域的核心技术和国之重器。360的举措将主要体现在三个方面：共建分布式安全大脑；分享威胁情报和知识库；赋能客户，提升应对网络战的综合能力。

创新点睛

> 在当前的公共管理上，还存在数据更新不及时、信息共享不充分，数据孤岛、条块分割的现象，在5G时代，阿里巴巴、腾讯、华为都在做智慧城市和城市大脑，360通过布局网络安全大脑，来弥补公共管理的短板。但是，开源机制可能更加有利于技术创新的突破。

陈姝婷：在创新这条路上，未来360还将会有哪些新的动作？

周鸿祎：我们把360定义成一家拥有黑科技的公司，一个360度全方位的守护者，给老百姓提供全方位的保护。未来是一个大安全的时代。

陈姝婷：大安全时代，不仅仅是手机、电脑的安全，更深刻的理解是国家安全，百姓安全，也包括人身安全，信息安全。

周鸿祎：不能够简单地说保护电脑或者保护手机，我们未来要把安全概念延伸到人的日常生活之中。所以在智能硬件方面，未来会有很多创新，比如说我们已经做了儿童手表，可以让小孩子跟父母保持联系；家里有这么多智能硬件设备，但是你可能担心智能硬件设备在窃取你的隐私，被黑客控制，对吧？所以近期要发布家庭防火墙，保证家里的安全；包括我们刚刚推出的价格只有699元的智能门锁，只要有指纹就能够开门……未来围绕着智能生活、智能出行、智能家居这个领域，有很多地方可以做出创新的产品。

在现实世界里，周鸿祎是"口才帝"，嬉笑怒骂赚流量，挑战大佬"打群架"，让这个群雄逐鹿的商业战场变得更有意思。在网络世界里，周鸿祎是理工男，踏踏实实做事，着力构筑大安全时代的诺亚方舟。

陈姝婷： 如果没有在360创业，您会选择在什么行业创业？

周鸿祎： 我觉得我还是会创办一个叫720、520或480的公司，我觉得我一直做软件，因为在很多传统行业里，像我这种人可能生存不下去，但是在互联网行业里有梦想成真的机会。

陈姝婷： 未来在生活中，您想实现的计划和梦想是什么？

周鸿祎： 在生活上可能我有两个想法，一个是我的小孩马上就到青春期了，我希望能够花更多的时间跟他们在一起，希望我的孩子未来不一定是个有钱人，但他们能够自己应对生活。这是个复杂多变的世界，最重要的是把一些能力教给他们，使得他们将来可以走好自己的路。从我个人来说，我有一些爱好，比如说攀岩、射击。攀岩还不能达到专业运动员的水平，我还希望在未来两三年之内，在国际射击比赛上能拿一次冠军。另外，我还有好几百本书买了都没看，很多唱片买了也从来没听过，我希望能多花点时间在个人兴趣上。

陈姝婷： 您是怎么定义成功与失败的？对于现在的创业者有什么样的建议或者忠告？

周鸿祎： 我觉得我们传统的文化很鄙视失败，所以每个人都很害怕失败，但是实际上在创新和创业过程中，失败是常态，成功是偶然。只有不怕失败，甚至说对那些经过失败还能再爬起来的人给予更多的尊重和鼓励，甚至鼓励失败者能去分享他们失败的经验，这样我们国家才会有更多的创新的动力。

这个世界上，无论哪个行业的成功者，都是不怕失败、敢于冒险的人。无所畏惧，敢于冒险，是周鸿祎颠覆式创新的绝招。在互联网行业，每个人都可以做颠覆者，也都可能被颠覆，不断地改变创新才是王道。不断颠覆行业，促进行业的整体进化；不断颠覆过去，放眼未来；不断颠覆自己，成为新物种，开拓新领域，引领新时代。周鸿祎将颠覆式创新演绎得淋漓尽致。

创新解决方案

秦朔 秦朔朋友圈发起人

网络安全关系到一个国家的安全，希望从事网络安全工作的企业家能够心怀国家，心怀天下。

今天全球化遇到了很多问题，包括中美贸易摩擦等逆全球化的事件，未来的网络战会成为一种新型的战争形式，国家安全和网络安全的紧密度大大提升，当今这个时代，的的确确需要一颗超强大脑。

何振红 《中国企业家》杂志社社长

做自己喜欢、对手尊敬、造福人民的事情。

互联网公司都希望把自己做成基础设施，360在安全领域最有机会，这也是一个巨大的商机，把公司开放出来和社会广泛合作，资源性强了很多,信任度也建立起来了,如果坚持这样的开放,坚持他在做这件事情的公共性上,我觉得是一件挺好的事情。

余明阳　　　　　　　　上海交通大学中国企业发展研究院院长

安全是个永恒的话题,而且跟每个人的生活息息相关,所以我特别希望像360这样的已经有国际影响力的企业,在网络安全方面更有作为。互联网在未来会成为人们生活的重要标配,它可以成为人们安全当中最核心的组成部分之一。

创新者，因为相信而让世界看见。

陈威如

2019.11.

做引领这时代的创新者。

何锦红

2019年10月11日

第 6 章

百年企业长寿又年轻的密码

> 创造新的生产力,新的生产方式,新的产品和服务,新的消费。一切有利于提高质量和效率的变化都叫创新。
>
> ——黄克兴

创新者主持人手记

在美丽的青岛,有两种泡沫是最多的:一种是海水的浪漫泡沫,另一种则是青岛啤酒的激情泡沫。飞扬的泡沫淹没了蓝色海岸,无尽的激情释放于魅力岛城。青岛啤酒与青岛这座城市密不可分,一个品牌与一个城市同名,这本身就说明了一切。带着期待来到青啤总部,一股古典气息扑面而来,彼时正值青啤庆祝新中国成立70周年。

青岛啤酒总裁黄克兴,有着山东大汉的"海拔",也有着齐鲁人的豪迈。让黄总很自豪的,是作为青啤人的好酒量。这位老青啤人,扎根青啤几十年,做销售出身的他,从跑遍全球开拓市场,到运筹帷幄青啤的全球战略,一路见证了青岛啤酒的创新、迭代和成长。

从展示青啤历史的青啤博物馆,到放眼青啤未来的文化创新,黄克兴对青啤的过去和未来娓娓道来,对青啤的产品如数家珍。

创新者画像

黄克兴,1962年11月出生,高级工程师。现任青岛啤酒股份有限公司党委书记、总裁、执行董事。

1986年毕业于山东大学机械工程学院机械制造专业,同年进入青岛啤酒厂工作。历任青岛啤酒工程有限公司总经理,青岛啤酒公司战略发展总部部长,青岛啤酒公司总裁助理兼战略投资管理总部部长,青岛啤酒公司副总裁,青岛啤酒集团有限公司副总裁,青岛啤酒股份有限公司总裁。2018年5月开始,就任青岛啤酒股份有限公司党委书记、总裁、执行董事。扎根青岛啤酒30余年,参与和主导了青岛啤酒创新大事件的全过程。

创新者绝招

长寿又年轻的密码,就是坚守主业,坚守高质量,坚守强品牌,坚守优良的企业文化。与时代的特征去互动,适应时代变化的需求,不断地创新。

创新者论道

黄克兴: 我在青岛啤酒也是老员工啦,30多年了。大学一毕业就进入青岛啤酒,从一名大学毕业生,到技术员,从基层到管理,到董事长,一步一步和青岛啤酒紧密联系在一起,荣辱与共,共同成长。

陈姝婷：可以说您见证了公司的发展？

黄克兴：青岛啤酒发展的几个阶段我都经历过了。从中国啤酒行业发展的自然增长阶段、扩张整合阶段，到青岛啤酒整合与扩张并举的阶段，到有质量发展的阶段，我都在主管部门，或是分管领导，或是主要领导，参与了这些大事件的全过程。

陈姝婷：作为青岛啤酒的元老，您对青岛啤酒的情感是怎样的？

黄克兴：我想不仅是我，我们全体员工都热爱青岛啤酒，对青岛啤酒的忠诚和热爱已经渗透到每一个员工的血液和灵魂当中，这是青岛啤酒基业长青的一种文化的积淀。

陈姝婷：当我们走出海外的时候，感觉改革开放40年来最大的变化是什么？

黄克兴：我们走出去以后，自豪地说我们是青岛啤酒的人。基本上走到哪个地方，大家都会给你点赞，都会说"very good！"

青岛啤酒的创新路径

"啤酒"的名称，来自于"Beer"的谐音，它是消费量仅次于水和茶的饮品，全球一年的消费量能达到2亿千升。1900年，俄国人在哈尔滨建立了中国第一座啤酒厂——乌卢布列希夫斯基啤酒厂（哈尔滨啤酒厂前身）；1903年，一位英国商人和一位德国商人在青岛合资开办了日耳曼啤酒公司青岛股份有限公司。这种带着激情泡沫的液体迅速在中国走红。

在1906年慕尼黑世界啤酒节博览会上，青岛啤酒一鸣惊人，获得金奖。这家位于青岛登州路56号的酒厂，一时间成为当时远东地区最大、最先进的啤酒厂。1949 年 6 月 2 日青岛解放,啤酒厂改名为"国营青岛啤酒厂"。在党和政府的关心重视下,青岛啤酒厂的生产规模日益扩大,工艺技术、产品质量日臻成熟。青岛啤酒成为享誉国际的"中国制造",拥有上千亿元的品牌价值。青岛啤酒是中国制造的一张脸。100 多年过去了,这张脸仍旧保持着年轻的面貌。

陈姝婷:改革开放 40 年间,青岛啤酒在发展过程中都经历了哪几次重大的创新和转折呢?

黄克兴:1995 年之前,中国啤酒行业处于一个自然增长的阶段。那个时候全国有很多啤酒厂,很多地方都有自己的啤酒生产企业和自己的啤酒品牌,市场集中度非常低,青岛啤酒也是青岛本地的一个地方品牌。

随着市场的放开,1994 年全国已经有 700 多家啤酒厂问世,但多为技术落后、规模小的国有或集体企业。由于中国 90% 以上的啤酒采用玻璃瓶包装,运输半径受限,加上保质期较短,厂商的市场辐射能力有限,各地市场都由一两家企业相对垄断。与跨国啤酒公司千万吨以上的生产规模相比,中国企业年产达 20 万吨的规模已属不错。而此时的青岛啤酒,刚刚在上海 A 股和香港 H 股同时上市,成为第一家在港股上市的中国企业,手握大量现金。

黄克兴:这个时候青岛啤酒面临一个问题,青岛啤酒在国际上颇具影响力和知名度,但是生产规模非常小,品牌与规模不匹配。青岛啤酒需要做出一个重大的战略选择:我们是做一个地方性的小的啤酒品牌,还是要发展成一个全国性的乃至全球性的国际化大公司?

陈姝婷： 青岛啤酒当然会选择做国际化的大公司。

黄克兴： 确实，青岛啤酒确认了大名牌发展战略，进行了第一轮扩张。从1995年收购江苏扬州的第一家啤酒厂开始，一直到2001年左右，这几年的时间，青岛啤酒的生产工厂达到了40家，生产规模迅速扩大，也引领了整个啤酒行业的快速扩张和收购兼并。这是第一个阶段。

陈姝婷： 第一个阶段的关键词是大规模的并购，向外扩张。

黄克兴： 第二个阶段就是从2001—2007年左右，因为之前企业的扩张速度非常快，企业内部的能力没有跟上企业发展的步伐，我们的管理能力、运营能力已经跟不上企业的发展规模。这个时候，青岛啤酒提出了整合，叫"练内功"。通过一系列的整合，我们的管理能力提升了，质量管理的水平提高了。

陈姝婷： 可以说第二个阶段的关键词是练内功。从"做大做强"向"做强做大"的转变。

黄克兴： 从2007年开始，我们提出了整合与扩张并举的方略，一方面提升自身的能力，一方面进行行业扩张。在这个过程中，青岛啤酒进行了一系列战略性的全国版图的构建，到2010年左右，青岛啤酒的战略版图基本上构建完毕。

陈姝婷： 战略版图构建完毕之后，进入第三个阶段?

黄克兴： 从第三个阶段开始，青岛啤酒进入有质量发展的重要阶段。每一个时期的战略选择都是根据这个时期整个行业的环境、变化和我们自身的特点提出的，我想这都是创新。

第6章

百年企业 长寿又年轻的密码　**黄克兴**

创新点睛

青岛啤酒的创新路径非常清晰：1994 年 A+H 上市；1995—2001 年，通过收购兼并向外扩张；2001—2007 年，练内功；2007—2010 年，整合与扩张并举；2010 年，战略版图构建完毕，进入有质量发展的阶段。

企业的发展路径，属于企业战略规划的范畴，青岛啤酒依靠创新驱动战略，每一步都引领了整个行业的进化与变革。

企业长寿又年轻的密码

陈姝婷：一提起青岛啤酒，大家都会想到一个词叫百年老店。100 多年过去了，青岛啤酒既长寿又年轻，现在还是深受消费者的喜爱，青岛啤酒能够保持这样既长寿又年轻的密码在哪里呢？

黄克兴：既长寿又年轻的密码，就是坚守与创新！坚守什么？第一，坚守主业。115 年，我们只为酿造一瓶好啤酒。第二，坚守高品质。就是在全球 100 多个国家，展示中国企业这一瓶啤酒的中国功夫。第三，坚守强品牌，品牌响才能给消费者一个购买的理由。第四，坚守优良的企业文化，特别是我们好人酿好酒的质量文化。我们这 100 多年的经营就是在坚守主业，坚守高质量，坚守强品牌，坚守优良的企业文化。

陈姝婷：坚守是企业长寿的秘诀，那年轻的秘诀就是创新了吧？

黄克兴：115 年来，经过了很多的时代和时期，每一个时代都有每一个时代的特征。从创新的角度来说，作为企业都要与时代的特征去互动，适应时代变化的需求。无论是产品的创新，质量的创新，工艺的创新,还是市场营销的创新,渠道的创新等一系列创新,就是在坚守和创新当中不断地前进,我想这就是一家百年企业的密码。

从百年老牌向百年潮牌的跨越

2010年,青岛啤酒产销量达到635万千升,跻身世界第六大啤酒厂商,青岛啤酒进入有质量发展的阶段。之后的十年间,通过一系列组织创新、产品创新、营销创新、品牌创新、文化创新、客户体验创新,实现了从百年老牌向百年潮牌的跨越。青岛啤酒连续17年登上中国500最具价值品牌榜,品牌价值再创新高,于2020年达到1792.85亿元。

组织创新——红军蓝军的对垒

陈姝婷:青岛啤酒组织上的创新,是专门成立了一个叫蓝军的创新事业部,这个部门是怎么运营的?

黄克兴:啤酒是一个非常传统的行业,传统的生产方式、营销模式、组织模式,采用的也是一种传统的架构。传统的架构是什么?就是通过传统的渠道营销传统的产品。传统的渠道就这四大类:餐饮渠道、商超渠道、便利店渠道、酒吧夜场渠道。现在出现了很多新的渠道,包括线上电商,微商,线下体验的渠道,消费者也追求产品多元化。那么传统的营销队伍,还是去做针对传统产品和传统渠道的营销,对新涌现出来的渠道和产品,就需要组建一个颠覆性的创新的事业部。

陈姝婷:这个部门具体做什么呢?

黄克兴:就是对于新渠道、新产品、新的营销模式、新的品牌推广做方案。

陈姝婷：之所以叫蓝军，是有开辟市场蓝海的意思吗？红军是传统的，在红海当中。

黄克兴：蓝军是对红军的补充。蓝军在补充红军的过程中，也是对传统的红军的一种冲击。在新的模式、新的渠道开拓的过程中，有可能渗透到传统的渠道里面去，就对传统的红军进行攻击了，这个时候红军就要防守，在防守过程中，实际上也提升了自己的能力。自己进攻自己，自己产生了防御的能力，总比竞争对手来攻击，我们去防御竞争对手超前了一步。

从售卖产品到售卖创意文化与情怀，很多新"玩法"源于被称为"蓝军"的创新营销事业部，这是一支守正出奇的"市场轻骑兵"，用完全互联网的打法，打造"产品+故事+互动+话题"传播的交互架构。

携手必胜客，推出限量版"鸿运必胜装"系列，引领"啤酒+比萨"消费新模式；携手魔幻大片《魔兽》，推出10多万箱"魔兽罐"被魔兽粉秒杀，成为当之无愧的爆款；携手《深夜食堂》，推出限量版"深夜罐"；携手肯德基，玩转"啤酒配炸鸡"；携手地产龙头，打造特色营销专用啤酒……形成企业和社会组织团购定制、渠道定制、私人定制三种定制模式。蓝军的一系列动作都自带话题和流量。

创新点睛

"蓝军和红军"的概念，在青岛啤酒被定位成传统和创新。一个做存量，一个做增量。红军客户稳定，市场成熟，带来稳定的现金流，用于蓝军的市场开发；蓝军因为面向的客户散、订单小，需求各异，公司在创新方面赋予蓝军更大的自主权和试错空间，有更加灵活的考评机制。

产品创新——实验室里的金矿

陈姝婷：近年来青岛啤酒也在多元化方面进行了创新的尝试，推出一些不同的口味，包括鸿运当头，原浆酒等，还塑造出了一些个性化的网红产品，那么青岛啤酒在多元化方面是怎么布局的？目前来看有什么成败得失？

黄克兴：严格来讲，我们是产品的多元化，而不是企业的多元化，青岛啤酒还是专注于啤酒。但刚才说了，消费者需求变得多元化，喜欢尝试各种口味的啤酒，因此我们研发了一系列的新产品，我们自豪地认为，我们推出的每一款新产品都是世界上最好喝的啤酒。

陈姝婷：公司如何进行产品方面的创新？

黄克兴：未来我们要加大新产品的研发力度。整个酒类行业的生物发酵实验室、国家级的重点实验室就在青岛啤酒，这个平台集聚了很多的专家学者、院士教授，有什么课题都可以拿到这个平台上共同来研究。

陈姝婷：从实验室到试饮，到评估，到批量化生产。

黄克兴：我们把全球啤酒行业所有的啤酒品种，已经通过实验室研发储备好了，未雨绸缪。尽管中国市场上某一款产品现在还没有推出，消费者还没有体验到，但是在我们实验室里已经研发成功了。实验室里储备好了啤酒的金矿。不同的时期，我们会实时地把这些产品由实验室到批量化生产，推向市场。

营销创新——4P 到 4C

陈姝婷：青岛啤酒在品牌的营销方面有哪些创新？

黄克兴： 过去的品牌营销，单纯靠硬广告的不断灌输，现在的营销传播，我认为要解决"对谁说""在哪里说""说什么""通过什么途径来说"的问题。

陈姝婷： 运用新的营销理论来做营销创新。

黄克兴： "对谁说"——首先要定义你的目标消费者是谁。"在哪里说"——你要考虑目标消费者喜欢的渠道在哪里。年轻人喜欢网络，我们就把年轻人喜欢的产品在网络上营销，年长的人可能喜欢传统的媒体，我们把年长的人喜欢的产品拿到传统媒体上去宣传。"说什么"——对年长的人用年长人的语言去沟通，对年轻人用年轻人的语言来沟通。"通过什么途径来说"——青岛啤酒把年轻人作为主要的目标消费者，年轻人共同的爱好就是体育、音乐。所以我们把体育营销和音乐营销作为重点。在体育营销上，世界杯是世界顶级的赛事了，因此在世界杯期间，青岛啤酒做了大量的品牌宣传和推广工作。

陈姝婷： 现在是信息泛滥的时代，消费者接触的产品太多了，信息也太多了，让消费者看到并能产生购买欲，这中间的转化过程需要做什么创新？

黄克兴： 现在在传播的过程中，也不仅仅是通过广告的宣传，关键是与消费者产生互动。因此我们提出了品牌、销售、体验、互动四位一体的营销模式。我们做任何一场营销活动，都要实现品牌的传播，现场的销售，消费者的体验，以及在现场形成和粉丝互动，这才能真正与消费者产生共鸣。

> **创新点睛**
>
> 传统营销的 4P 理论，是产品（Product）、价格（Price）、渠道（Place）、宣传（Promotion）。新营销理论认为，4P 是站在企业立场的，而不是客户立场的，因此 4P 应该转换为 4C，产品（Product）要换成顾客价值（Customer value）；价格（Price）要换成客户成本（Customer cost）；渠道（Place）要换成顾客的便利性（Customer convenience）；推广（Promotion）要换成顾客沟通（Customer communication）

品牌创新——国际化名片

陈姝婷：青岛啤酒现在已经成为中国的一张名片了。但是也有人说，啤酒本身是舶来品，青岛啤酒厂好像跟德国人留下来的质量、技术和制度基因有关，您怎么看待这样的说法呢？

黄克兴：115 年前，德国人建立的啤酒厂规模非常小。110 多年后的今天，我们把青岛啤酒发展成一个国际化的大公司。现在我们一个公司的产量，等于德国整个国家的产量。德国人建了一个厂，但是后来的发展壮大是靠我们自己。

陈姝婷：青岛啤酒在打造全球化品牌的过程当中，怎样树立在全球消费者心目当中的品牌形象和品牌认知？

黄克兴：中国的产品在西方人眼里，通常质量不高、价格便宜，特别是食品，西方人对中国的食品安全有担忧。青岛啤酒属于食品饮料行业，快消品，我们的国际市场定位是三高战略：高质量，高价格，高可见度。我们不是定位在低端市场。前一段时间我到南美去跑市场，看到我们的啤酒在阿根廷比当地的啤酒和国际一流的啤酒价格高出了许多。

陈姝婷：在啤酒的故乡德国，当地啤酒售价是一瓶0.8~1欧元，青岛啤酒高达3欧元，这么高的价格，如何让市场接受呢？

黄克兴：高质量的东西，价格高消费者也认可。比如说在品质上，我们酿造啤酒用的原料大米都是带着壳进来，新鲜度保持得很好，脱壳之后，三天之内必须用上，因为脱壳之后就氧化了。如果我们在市场上买大米吃的话，可能都脱壳了几个月了，我们做啤酒的大米就是脱壳三天的，平常自己煮饭吃的米都没有这么新鲜。我们每一款新产品的推出，在口味的品评上，都拿自己当小白鼠，我们要经过反复实验，反复品鉴，从公司的高层，到专业的技术人员，到国家级的品酒大师，要经过几十、几百次的品评，都认为可以给消费者喝的时候，才能推向市场。

陈姝婷：高品质除了自身在品质上的把关外，也需要从品牌上去塑造这样一个高端的形象。

黄克兴：那就是品牌引领。青岛啤酒走出去不仅仅是卖产品，更重要的是树品牌，树立中国的民族品牌。因此我们在全球做了一系列的品牌推广活动，譬如说每年的春节，在美国纽约的时代广场都做户外广告，向全球的消费者拜年。在澳大利亚、英国、意大利、法国等国家做很多的广告，我们曾在英国伦敦的150辆双层巴士上做广告，在伦敦街头就能看到青岛啤酒的身影。

陈姝婷：品牌引领。

黄克兴：另外就是创新驱动。我们刚刚开始走出去的时候，从中餐馆这种非主流的渠道开始切入。现在，在很多发达国家，我们直接切入主流渠道、高端渠道，包括商超、西餐馆和酒吧。更重要的是品类的拓展和包装形式的进一步提升。比如，在中国国内能买到的啤酒，在韩国基本都能买到。

一份《中国品牌与中国国家形象调研报告》显示，在部分国家，青岛啤酒认知度超过90%，尤其在欧美发达国家的整体认知度更高。

陈姝婷：在实施全球化战略的过程中，青岛啤酒和世界一流品牌的差距在哪里？

黄克兴：青岛啤酒和世界一流啤酒在品质上是没有差距的，我们在美国获得了世界啤酒锦标赛的金奖，证明我们的品质还是领先的。品牌方面也没差距，都是具有全球影响力的品牌。我觉得唯一有差距的就在于资本的国际化方面，中国整个的啤酒行业乃至啤酒企业都有差距。我们的资本还没有走出去，还没有进入很多的国家。

陈姝婷：在资本的国际化方面，下一步的目标是什么？

黄克兴：一个是我们可能要在国外进行工厂的布局，生产基地的布局。另一个可能是我们与全球知名的品牌进行合作，收购他们的股份，也有可能贴牌生产。

文化创新——百年积淀的改良

陈姝婷：青岛啤酒作为一个优秀的民族品牌，是如何构筑自己的民族品牌文化的内涵的？在文化上面有哪些创新呢？

黄克兴：我们只能说不断地适应新时代，提出一些改良措施，因为企业文化是百年积淀下来的，优良的文化我们一定要坚守，有些文化不是特别适应新时代的需求，我们就把它改变一下，提升一下。

比如说青岛啤酒文化的核心,就是诚信、和谐、开放、创新。说起来可能很简单,但是文化的形成不是一朝一夕的事。特别是在全国扩张的阶段,我们在全国收购了五六十个工厂。每一个工厂都有自己的企业文化,他们的企业文化和青岛啤酒的文化怎样有效地融合在一起,这非常重要。

陈姝婷:文化,其实是大家价值观的认同。

黄克兴:是的。慢慢地大家的价值观就趋同了。比如说在品质的追求上,我们有一个这样的小故事。过去啤酒的发酵池都要人用刷子来刷,师傅在教徒弟刷池子的时候会说:"这个池子就是你爸爸的酒壶,给你爸爸喝酒的东西要刷干净了,这个酒就是给你爸爸喝的!"当然现在都是密闭的发酵罐了,都是机械刷洗。

用户体验创新——随时随地新鲜体验

陈姝婷:您刚刚提到青岛啤酒非常重视用户体验,事实上青岛啤酒在O2O以及大数据方面都有拓展,试想一下未来青岛啤酒的用户将会得到一些什么样的新体验呢?

黄克兴:未来消费者在任何适合喝啤酒的场所,都能喝到青岛啤酒的任何产品,并且都是新鲜的。比如说,你在一个地方想喝啤酒了,拿出手机来在App上一点,半个小时啤酒就送达现场。当然,我们未来可能在全国各地建很多体验店,像酒吧那样,比如说在机场,你现在在青岛的机场办好登机牌,安检进去之后,在登机口的附近就有三个青岛啤酒的欢聚趴。未来这种模式可能要在很多的机场里推广。未来的互联网时代,在任何你想象不到的地方,都能享受到青岛啤酒。

陈姝婷： 对，很多人来到青岛，特别喜欢喝那种新鲜的原浆啤酒，在外地的消费者，怎样去体验当天出厂的啤酒？

黄克兴： 实际上我们在几年之前就已经推出了，比如你在北京，明天晚上要和朋友一起聚会，你现在就在京东上下单，只要当天下午6点钟之前下单，明天早晨4点钟我们工厂就安排生产，然后七八点钟就坐上飞北京的头班飞机了，也就是上午十点钟左右到北京机场，保证晚上能喝到。

陈姝婷： 这个过程也是冷链运输？

黄克兴： 我们出厂的时候啤酒本身就是低温的，我们有保温的装置，整个运输过程也全部是冷链。

陈姝婷： 青岛啤酒的大数据是怎么做的？

黄克兴： 啤酒的大数据非常庞杂，我们一年生产180亿瓶啤酒。180亿瓶什么概念？连起来能绕地球119圈。大数据技术的出现，让每一瓶啤酒都可以带来一个数据，比如说消费者喝的时候扫啤酒瓶上的二维码抢红包，扫过之后，我们就知道这瓶酒在什么地方、什么时间由什么人喝的。利用这种数据的积累，就能统计分析出什么时间是喝啤酒的高峰期，在某一个区域这个人适合什么样的啤酒。

陈姝婷： 包括他的酒量也知道了。

黄克兴： 酒量也知道了，一次能喝几瓶就知道了！是带回家喝的，还是在现场消费喝的，我们都能统计出来，这为精准营销提供了支持，我们啤酒的广告和推销的信息，就可以推送给他。下游消费环节的数据，也可以植入我们上游的研发环节里去，研发更适合消费者口味的啤酒，一直到我们的采购、生产、销售，特别是最终的营销环节，大数据确实带来了很大的帮助。

未来创新引领消费升级

当今时代，消费升级促使消费者需求发生了很大的变化：第一，高质量，高品位的消费理念；第二，便捷的服务，舒适的消费场景；第三，多元化、特色化、个性化的消费产品。

主持人：您怎么看待消费升级和新消费呢？

黄克兴：我认为消费升级应该从两个方面展开，第一，从需求侧满足消费升级的需求。第二，从供给侧引领消费升级。

2019年7月，青岛啤酒推出了一款海洋大健康饮品——王子·海藻苏打水，标志着青岛啤酒正式进入饮料市场。2020年，又推出果味苏打气泡水新品。未来，以啤酒产品为主的快乐板块和以海洋健康类产品为主的健康板块将构成青岛啤酒的两条产品主线。

陈姝婷：青岛啤酒作为最有代表性和影响力的啤酒行业标杆企业，未来在创新方面会有什么规划？

黄克兴：一切有利于提高质量和效率的变化，都叫创新。在这种变化下，消费者喝啤酒会带来一种物质上的享受，还有一种精神上的享受。第一，品种上，过去我们见到的啤酒，就是那么一瓶啤酒。现在消费者追求多元化，由一瓶变成一套了。青岛啤酒有很多品种。第二，个性化和特色化。我们推出了私人订制，近期私人定制的产品就会上线，消费者根据我们固定的模式和他的个性化需求，在手机上下单之后马上我们就可以接单，把专属他个人订制的啤酒送到他手上。第三，便捷化。消费者会在社区里边看到很多我们的酒吧，我们叫社区会客厅，全是最新鲜的新品种啤酒。还有一种叫旗舰店，在大城市的高档商场，给消费者提供一个全新的场景和体验。

2020年4月，青岛啤酒1903餐吧开出上海首店，借助毗邻青岛啤酒松江制造厂的前店后厂优势，青岛啤酒生产线通过专业冷链运输，提供全系特色青岛啤酒。未来，青岛啤酒还将在全国范围内布局200家青岛啤酒1903餐吧。

陈姝婷：您个人喜欢喝啤酒吗？

黄克兴：出于对工作的热爱，出于对美好生活的向往，喜欢喝啤酒。

陈姝婷：您喜欢喝哪种口味的青岛啤酒？

黄克兴：我喜欢喝青岛纯生。

陈姝婷：您所理解的啤酒文化是什么？

黄克兴：啤酒文化就是什么场合都可以喝啤酒，畅享欢聚时刻。一瓶啤酒连接世界，啤酒要达到这样一个目的和使命。

115年，只为酿造一瓶好啤酒，而因为有这一瓶好啤酒，所以达成了一瓶啤酒连接世界的目的和使命。无论是举杯痛饮的欢畅时刻，还是世界杯、CBA的体育赛场，还是纽约时装周的舞台上精彩亮相，百年老店，青春常在。青岛啤酒的百年创新之路，让青岛啤酒的价值在全球深入人心，获得了超越竞争对手的品牌溢价，青岛啤酒的全球化成功之路，值得中国消费品牌学习和借鉴。

创新解决方案

秦朔   秦朔朋友圈发起人

百年老店，祝愿青春常在。

从我 20 世纪 90 年代中后期开始和青岛啤酒接触，我经历了四任董事长，从彭作义、金志国、孙明波，到黄克兴。有一件事很有意思，有的企业领导人是不变的，但是有的企业领导人换了四代还是中国名牌。如今是数字化、数据化的时代，很多的消费数据通过电商平台或者自己的数据库能被挖掘，从而得到很多未来可以开发的东西，从这个意义来讲，数据驱动可能是产品创新的一个新的方面。另外，国际化过程中，只是传导啤酒文化可能不够，因为啤酒是舶来品，是不是更多地和中国元素相关联，比如说像王老吉传播中草药，青岛啤酒是不是可以和中国的文化相关联，赋予它独特的价值。

何振红   《中国企业家》杂志社社长

一瓶好啤酒，希望永远由青岛啤酒造。

对于青岛啤酒来说，怎样建立消费者关系，我觉得很重要。C 端产品用粉丝经济的方法做大可能好一点，深化粉丝经济，青岛啤酒还是有基础和土壤的。从产品的品质走到消费者的端口，回到商业的本质，它的背后应该是技术或者研发，或者是这个时代最先进的东西。

余明阳   上海交通大学中国企业发展研究院院长

只要找到了路，就不怕路远。

坚守主业，是青岛啤酒很可贵的一点。青岛啤酒如果一天到晚忙着做房地产什么的，肯定会赚一段时间的钱，但是快钱热钱赚完了以后，赚冷钱、慢钱的兴趣就一点都没有了，可能会把主业废掉。

对于青岛啤酒来说，要为整个中国的快销品行业拓展出一种模式，这种模式中，以量产工业化为代表的传统产品也有，高端的小众的产品也有，同时在国际上能够有自己的核心产品，这是它的社会责任所在。

体验感是未来发展的大势所趋，今后的市场竞争，第一是单品极致，第二是超细分的市场，第三是体验消费，第四是个性化定制。所以，未来从发展角度来说，塑造体验感一定具有巨大的空间。

第 7 章

创新革命：中国企业的换道超车

> 让每一个人都成为 CEO。
>
> ——张瑞敏

创新者主持人手记

采访企业家张瑞敏是在山东青岛的海尔总部。设计大气的董事局主席大楼里,布满了张首席的名言。

在海尔,员工都尊称张瑞敏为"张首席"。张首席广受员工爱戴,这种爱戴是发自内心的。

在访谈中,我从员工的眼中可以洞悉,张瑞敏是海尔人的精神领袖。当张首席来到我们访谈室,后面跟着一个大团队,包括董秘、助理、公关等,都神采奕奕,站得笔直。后来我还访谈了几位海尔的总裁,他们所有人身上都有一种相似的气质:那就是军人的正气。

当我见到张瑞敏本人,能感受到他身上那种山东人特有的气息:亲切、阳光、爽朗、霸气。在采访中,也领略到了他的胆识、远见和魄力。他语速快,反应敏捷,言谈中能感觉得到他处于充满激情的战斗般的工作状态中。

他对企业管理有着非常深入的思考,是企业家中的哲学家。他胸怀大志,是最早具有国际化眼光的企业家。张瑞敏说:"没有成功的企业,只有时代的企业。"

"让每一个人都成为 CEO"这句话,是张首席在访谈中说得最多的一句话。他的目标是打造创业者的热带雨林,做小微的孵化,让海尔成为赋能平台。这不仅是这位 70 岁的企业家的使命,也是每一个海尔人的努力方向。

创新者画像

张瑞敏,1949 年 1 月 5 日出生于山东莱州。他用 30 多年时间,将快倒闭的一家小厂做成世界名企,由海尔引领创新的众多教科书式的经典管理案例,成为中国企业发展史上的一个个里程碑。在互联网时代,他推行人单合一。又用十多年,把 30 多年缔造的庞然大物变成一个个小微的生态群。在这位"管理魔法师"的背后,是他对于时代变革的快速反应。

创新者绝招

人单合一

创新者论道

陈姝婷:翻开世界商业发展史,我们发现那些保持基业长青的企业都以创新取得成绩。您认为什么是创新?

张瑞敏:简单一个词,自我颠覆。

陈姝婷:海尔最大的创新是什么?

张瑞敏:最大的创新就是不停地跟着时代来变化。根据时代来更新我们的核心竞争力。

陈姝婷:您认为改革开放以来,中国最大的变化是什么?

张瑞敏:从原来一个后进者、跟跑者,到现在在很多领域成了领跑者,这是全世界有目共睹的。

陈姝婷：中国的发展有目共睹，对海尔最大的影响是什么？

张瑞敏：我们本来只是以朝拜者的角色去学习，模仿人家，现在我们可以和世界一些顶尖的管理者共同探讨世界前沿的问题，包括人单合一模式，我已经在美国和诺贝尔奖获得者探讨这个问题，这是最最激动人心的地方。

曾经的中国，曾经的海尔，都只是后进者、跟跑者。改革开放以后40多年过去了，中国举足轻重的地位令世界瞩目，而海尔也成长为"中国智造"的领军力量，由海尔引领创新的众多教科书式经典管理案例，成为中国企业发展史上的里程碑。

创新之经典篇

1984年，被称为中国公司元年。这一年，王石在深圳成立万科，柳传志在中关村带领10位科技人员办起了联想。在青岛，一位35岁的青年临危受命，走进一家街道企业，接手了一家濒临倒闭的电冰箱厂，开启了破茧重生之路。

经典1：20世纪80年代是短缺经济时代，主导企业的思维是供求关系。在企业只看产量，还没有质量意识、用户意识、品牌意识的时候，张瑞敏砸毁76台有缺陷冰箱的创举，标志着中国企业质量和品牌意识的横空出世。

经典2：20世纪80年代末，海尔开始实行OEC管理法，即"日事日毕，日清日高"，每人每天对每件事进行全方位的控制和清理，这一目标管理法则，成了海尔创新的基石。

经典3：1991-1998年，在反对企业兼并、质疑多元化战略的声讨声中，海尔集团以快鱼吃休克鱼的创新思路做了回应，先后兼并了18家企业，有的甚至是跨所有制兼并，最先实现了多元化的战略布局。

经典4：20世纪90年代，海尔提出"走出去、走进去、走上去"的"三步走"战略，首先进入发达国家创名牌，再以高屋建瓴之势进入发展中国家，逐渐在海外建立起设计、制造、营销的"三位一体"本土化模式。

陈姝婷：让全国人民最早认识海尔的，就是您砸掉76台冰箱的创举。这似乎已经是一个时代的标志，您个人的标志，也是众多的营销手段争相效仿的出处。您当时为什么有这样的创举？

张瑞敏：因为当时中国企业面对的最大的一个问题就是质量上不去，特别在冰箱紧缺的时候。报纸上有一句话说，纸糊一个冰箱也可以卖出去，不愁卖为什么要搞好质量？再说如果产品质量不好，可以作为处理品，二等品，三等品，价格低一点就能卖出去。所以这种观念真的是根深蒂固。当时就觉得必须要有一个事件把大家这种观念彻底改变过来。管理大师德鲁克有句话说得很好，说观念的改变并不能改变事实本身，但是改变了对事实的看法。质量不好，不是说砸冰箱就会好了，但是会改变看法，质量不好的产品是不允许存在的。不合格的产品就是废品，那个时间需要这样一种激励的做法，或者一种颠覆的做法。

陈姝婷：让全国人民最早认识海尔的另一个标志，就是那个非常经典的广告，一轮红日从海上冉冉升起，小朋友在呼唤同伴："琴岛——利勃海尔"。这个画面成为一代人的记忆。您为什么想着在电视上投放广告？

张瑞敏：在计划经济时候，原来的企业在某种意义上相当于一个车间,只管产品制造这一块。那时候很多企业没有做广告的意识。企业会反问,我生产出来的产品反正有人去卖掉,为什么要做广告?但是我们第一个想法就是我们的产品必须要得到用户的认可,这其实和当时的传统企业思路完全不一样。表面上看是做一个广告,其实我们就想得到用户的反馈,和用户直接建立一种关系。所以我们有句话说:原则一,顾客是对的;原则二,如果你认为顾客错了,你就再看原则一。就是永远把顾客放在第一位,现在大家认为这是常识,但是在当时没有人这么认为。

陈姝婷:20世纪90年代,海尔先后兼并了18家企业,并首先尝试开启多元化的战略,当时也有一些知名的企业因为多元化而失败了,为什么海尔成功了?

张瑞敏:这是那段时间争论非常大的一个问题。这个焦点不在于你是做多元还是做专业,焦点在于你的指导思想到底是什么?到底有没有一个很好的文化价值观?我们兼并了18家企业,没有大量地派人过去,我们只是输出海尔的管理文化。比如兼并一家电视机厂,这件事后来成为哈佛商学院的案例。我们告诉对方,现在的产品你觉得很满意,但是用户非常不满意,所以你的库存很大,因此你破产,我们才来兼并你。质量是用户定义的,不是你自己定义的。再举一个例子,也是成为哈佛商学院的一个兼并案例。如果产生了一个不合格产品,你不准处罚工人,而是应该由领导负责任,因为领导没有把质量体系贯彻到每个员工身上。这里还是企业文化起了主要作用。所有的模式没有好和坏的区别,企业自己要有很好的企业文化,再把企业文化复制到所有被兼并的企业中,改变他们的基因,因此每一家企业就都获得了成功。

陈姝婷：在收购兼并的过程中，有一个难题是如何能够做到海纳百川而不发洪水？海尔在企业文化融合方面有怎样的创新？

张瑞敏：所有被兼并的企业，过去他们做得不好，并不是因为技术或者资金这些问题，本质上就是没有让员工真正体现出他的价值。我们始终觉得人的价值第一，所以我们所有被兼并的企业都要首先把他们的员工激励起来。其实每个人都想体现自己的价值，每个人都想得到尊严，那我们就给他这个机会。这个是我们和所有兼并企业最大的不同。

陈姝婷：在中国加入WTO的时候，国内的市场慢慢地打开了，有很多企业宁可在国内喝汤，也不愿意到国外啃骨头，有走出去的也多数到东南亚去，而海尔另辟蹊径，一开始就在最发达的美国建厂，在意大利收购冰箱的工厂。您为什么那么做？这也引起了很大的争议，对吗？

张瑞敏：对。当时媒体有一篇很著名的文章，题目叫《提醒张瑞敏》，就是说所有的美国企业都跑到中国来设厂，中国企业怎么可以跑到美国去建厂？表面上听起来非常有道理，但本质不是这样。本质上世界的市场是共同的，名牌无国界。我们和其他的企业不同，很多中国企业先到了东南亚或者先到了非洲，而我们先难后易，先到最难进的市场，再到发展中国家。我们说找高手下棋，我们被高手打败了也没关系，我们会提高我们的素质。我们觉得再不到国外啃骨头，可能今后就没有机会了，为什么？因为当时有一条规律，就是说如果你在本国之外要创名牌的话，最少要赔八年，当时国内经济效益比较好，你还有钱去赔，最后人家把你国内市场占领了的时候，你可能就没钱去赔了。所以当时我们说走出去有风险，但是不走出去是最大的风险。

陈姝婷：那有没有想过万一这个决策错了怎么办？

张瑞敏：我们和其他企业最大的一个不同，就是到美国之后，我们不代工，完全是给自己创品牌。另外，一开始进市场太难，我们先去找一个缝隙市场。比如美国学生用的小冰箱，我们很快在这个领域里占了50%以上。从缝隙市场进去之后，再到主流市场，我们是一步一步走的。所以我们把它定为三步走，就是：走出去，走进去，走上去。走出去，我就进入美国市场；走进去，我通过缝隙市场，进入主流市场；最后走上去，就成为美国本土化的名牌。

30余年过去了，光阴如白驹过隙，中国制造军团城头的大王旗变幻，很多名噪一时，很多销声匿迹，张瑞敏领导下的海尔，却一步步成为全球白电第一品牌。

创新点睛

在这一阶段，从海尔创新的四个经典案例，可以归纳出四个要点：

第一，观念的更新。主动改变短缺经济时代的思维模式，唤醒中国企业的质量意识、用户意识、品牌意识，去适应市场经济时代的需要。

第二，管理现代化的创新。海尔师从美国管理业界的六西格玛、日本的5S现场管理法，并结合自身的特点，创立了海尔的管理模式。

第三，文化融合的创新。在兼并收购和多元化进程中，不断输出海尔的管理文化和价值观。

第四，国际化的尝试和创新。到主流市场创牌，从非主流的产品切入，一步步占领主流市场消费者的心智，最终实现本土化。

可以说，这四方面的创新奠定了海尔的江湖地位，也为中国企业的创新之路提供了一个经典的模板。

创新之革命篇

在我们采访过的创新企业当中,多数企业的创新,会从某一件具体的事上切入,或从某一方面切入,这样上手比较容易。而海尔的创新路径和其他企业截然不同,海尔的创新,一开始就是从全局出发的整体变革,首先是思维意识上的更新,然后是新思维结构的搭建,最后是组织的变革,扩散到每一个细节的创新。

如果我们把之前提到的创新,称为第一阶段的创新,那么,第一阶段的创新,是海尔已经落地的、已经成为经典的创新成果。而第二阶段的创新,则是海尔正在进行中的创新尝试和创新革命。

人单合一——组织变革

2014—2015 年,互联网思维被推上了至高无上的境界。中国企业界流行两个词:降维打击,颠覆。传统企业被互联网企业的降维打击和颠覆弄得措手不及,集体学习互联网思维,加速构建互联网 +。而这时候,作为传统制造企业的海尔,早已在 10 年前就开始尝试互联网时代的转型。2005 年 9 月,张瑞敏就对外阐述了海尔的"人单合一"模式。

陈姝婷: 您在 2005 年的时候提出人单合一,人单合一实际上是顺应互联网时代的一种变革。而在那个时间节点,国内的很多企业都没有互联网思维,而且,2005 年连典型的互联网企业小米都还没有成立。为什么海尔的互联网思维比其他企业早了十年呢?

张瑞敏：其实当时互联网思维还没有像今天这么清晰，但是在2005年的时候，带来的并不是互联网技术，而是观念。互联网观念第一个方面就是与用户零距离，我们看到了互联网时代的到来，所以2005年就提出人单合一，人就是员工，单就是用户或者用户的需求，员工为用户创造价值的同时，体现他自身的价值，这就是人单合一的本意。互联网观念第二个方面，就是互联网是分布式的，它应该去中心化，去中间化。而所有的传统企业解决不了的一个问题，就是大企业病，官僚主义非常严重，和用户的距离越来越远。所以，人单合一不能是以领导为中心，而是把每个用户作为中心，不要这么多的中层管理。

陈姝婷：所以说，人单合一不仅仅是互联网时代一种管理思维的重构，而是涉及组织的变革，流程的再造。那么人单合一是如何贯穿在海尔的运转流程当中的？

张瑞敏：我们自己在推行人单合一的时候，应该说是用了十几年的时间，非常困难。为什么？因为要把企业原来的结构完全颠覆。首先非常难的，就是要把一万多名中层管理者去掉！对他们来讲有两条路，要么你创业，要么你离开，所以有很多人只好离开了。

对于海尔的过去，曾经有人用"海尔是海"予以概括。但到了互联网时代，企业发现自己真正置身于用户的汪洋大海中，大象不仅要能跳舞，也需要会飞翔，才能像海燕一样笑傲风浪。张瑞敏用了30多年将快倒闭的一家小厂做成世界第一的大厂，然而，接下来要做的事，却是再花十多年去拆掉它，而在这背后，是企业对于时代快速变革的快速适应。

陈姝婷：人单合一表面看是比较简单的，就是把员工和市场的订单，市场的需求，能够对接跟匹配起来。但事实上，把企业原有的庞大的组织机体全部打破，这个感觉是非常悲壮的。海尔把组织结构打乱之后，变成了什么？

张瑞敏：海尔不是一个出产品的企业，而是变成一个创业平台了。在这个创业平台上出现了很多的创业团队，我们叫作"三自"。第一，自创业。你自己找到一个市场机会，你就可以创业，我们的理念就是市场最大的问题就是你最大的商机。第二，自组织。你自己可以找各种资源，成立一个组织。第三，自驱动。让用户的需求不断驱动你前进。

陈姝婷：这些类似阿米巴一样的组织，能够更灵活、更有效地满足客户的需求。

张瑞敏：就这样变成了创业平台之后，一下子出来几千个小微，这些小微就和市场结合到一起，和用户的需求结合到一起，这样就解决了从传统时代到互联网时代面临的一个最大问题，就是原来都是大规模制造，现在必须大规模定制，而大规模定制，就是要根据用户的需求不断地改变，这是原来的传统组织解决不了的问题。人单合一可以解决这个问题。这也是为什么从2015年到2018年，哈佛商学院两次把它作为案例。因为这是全世界企业发展的一个方向，或者说是企业必须转型的一个方向。

创新点睛

人单合一，是中国企业界在全球产生比较大影响的一个管理创新理论。这个理论打破了获得诺贝尔奖的科斯定律。科斯定律认为，企业的组织形式能够降低纯粹市场交易带来的成本，使得交易更经济和有效率。而在互联网时代，因为获取生产过程中所需的信息变得非常廉价而且便利，传统企业的多层级管理反而会增加沟通、摩擦的成本。

人单合一把企业的边界被打破之后，产生了三个变化：一是观念上的转变，就是从产品到客户；二是组织上的变革，把大企业变身为很多小微组织，就像海尔变成了支持几千个小微的大平台，能够赋能资源；三是运营模式的变化，直接和市场的需求对接。

从大树到热带雨林——生态变革

陈姝婷：您可以说是在中国企业家里，在管理理论方面涉猎最深的一位企业家，您在阐述人单合一的过程当中，多次强调了生态，那么，生态对于企业而言内涵是什么？最基础的要素是什么？最重要的要素是什么？

张瑞敏：生态和组织不一样，传统的企业简单地说是一个有围墙的花园，它可以修剪得非常漂亮，但它不会让每一个植物自由地生长。生态是指和市场连接起来之后，它成为一个完全开放的、无边界的、可以自由发展的一个体系，可以和各种资源结合。或者说它就属于热带雨林，虽然每天都有死去的，但是它会生生不息。

陈姝婷：如果说海尔原来是一棵大树，现在要把大树变成热带雨林？

张瑞敏：原来的企业是零和博弈，我以企业为中心，我有这么多资源,我要利润最大化,但是,是不是我的合作者都能够利润最大化呢?不是。而生态系统上的各种资源,只要在这个生态里,大家都是合作方。举个例子说,原来是有很多企业给我提供零部件,那么谁的价钱最低我就要谁的。现在不是企业给我提供零部件,而是我们可以共同来创造用户价值。如果你可以创造更大的用户价值,你就可以得到更多的回报。所以这变成一个共创共生的关系。互联网带来的很重要的一个变化,就是催生了共享经济。没有生态,没法共享,也没法共创。

陈姝婷:把海尔变成一个小微组织和创客平台,您觉得现在海尔已经实现这种重大的转变了吗?

张瑞敏:我们内部转变还是比较成功的,现在需要做的就是完全变成社会化的。就是说我们这个平台,不仅仅都是原来我们内部的员工,外部的所有的创业企业也可以到我们这个平台来,所以现在五花八门,国内的也有,国外的也有。行业就没有原来那么窄了,包括中药,纺织,无人机都在上面。我们的目标就是一个,私家定制,智慧家庭的定制。其实草创企业的成功率是非常非常低的,我们建立这样一个平台,可以提高他们的成功率。

海尔向互联网转型倒逼员工创业,产生了雷神、小帅影院等知名的小微创业者。2014年,海尔专门成立"海创汇"创业孵化平台,定位为面向全球、开放无边界的加速器平台,也吸引了一大批外来创业者入驻。从"内循环"看,海创汇孵化的各类创业项目与海尔内部各平台之间相互合作,共享海尔供应链、物流、渠道等资源;从"外循环"看,海创汇将各地方政府资源、高校资源、VC资源汇聚到平台上来，给创业企业带来创业空间、培训服务、FA等一体化服务。如今，海创汇平台已经吸引了全球4000多个创业项目。

自主人——第三种管理模式

陈姝婷：在这个生态系统中，"企业无边界、管理无领导、供应链无尺度"，像一种乌托邦式的美好的景象。那么每个员工扮演的角色是什么？

张瑞敏：其实每一个人都可以伟大，只要给他一片合适的土壤。大企业的问题就是没有释放人性，把人看成一个个执行者，一个个螺丝钉。我的办法是首先相信他们都会比你好，然后把所有权力都给他们。我手里的权力有三个方面：决策权、分配权和用人权。我把这三方面权力都给他们。

陈姝婷：就像您刚才说的，每个人都希望体现自身的价值，这是最重要的。

张瑞敏：现在的企业完全变成一个小微组织，变成一个创业平台，和外界融合在一起，没有说固定的这是企业内的人，还是企业外的人。如果有用户需求，可能是各类人员都集中起来去服务用户，而他们本来就不是我的员工，服务完用户他们还是要回到各地去，甚至在国外。

《场景革命》一书中写道："很多时候人们喜欢的不是产品本身，而是产品所处的场景，以及场景中自己浸润的情感……如果我们理解以人为中心的商业逻辑，就会发现商业就是忘掉生意、忘掉利益，是深入思考我们和拥护者的关系。"可见，"人"是这个时代最大的场景。

"让每一个人都成为 CEO。"在海尔，科层组织中唯上级是从、僵化的"木偶人"消失了，员工成了拥有决策权、用人权和分配权的"自主人"，实现了人性的解放。正如文艺复兴释放了人的创造力，成为西方近代文明的驱动力。

创新点睛

从传统的角度来看，每个具体的人都是不重要的，甚至很多企业更多地在强调，未来机器人的价值。张瑞敏在一个以流水线生产为主的行业里，更多地强调人的因素，尊重人的创造性，强调人的需求，客户的需求，对于工业制造领域有特别大的启示。以人为本的管理创新和组织变革，是中国企业在面向未来更惨烈竞争之前，必须要补上的一堂课。

换道超车——服务方式、生产方式的变革

陈姝婷：未来海尔在互联网化这方面还会加大步伐吗？还有什么样的布局？

张瑞敏：在互在联网这方面我们在往前走，就是变成物联网的引领企业。我们希望能在这个浪潮当中成为第一个引爆的企业。

陈姝婷：物联网有什么特点？物联网对传统企业的挑战和机会在哪里？

张瑞敏：物联网重要的体现，就是体验经济。现在的电商就是颠覆了传统模式，传统模式是产品，电商在某种意义是平台。电商可以便宜，可以便捷，但是电商平台很难交互。体验经济可以和用户来进行交互，用户提出的意见，我可以马上满足你，可以定制，可以使体验升级。今后企业的竞争力在什么地方呢？就在于你有没

有终身用户。所谓终身用户，就是你不管需要什么体验，我都可以给你解决。

陈姝婷：您在创业之初，为了唤醒质量意识而"砸冰箱"，那么在推行人单合一过程中，就是"砸组织"，把中间的组织都砸掉。那么，如果推行满足用户个性化需求的定制生产方式，就要"砸仓库"了？海尔有一个非常重要的指标是不入库率？

张瑞敏：德国工业 4.0 正在往这方面发展，但是，德国工业 4.0 最主要的一个问题，就是他们更多的是线性管理，很多规矩先定在那里，而不是根据用户在变化。现在需要非线性管理，所以我跟德国人讲我们的不入库率，其实就是所有用户都要参与我们的设计，参与我们的制造，生产线上的产品还没有出厂，已经知道是谁的了。所以企业主要做两件事，第一件是创造价值，第二件是传递价值。这两类价值现在都要用户来加入。不是说我生产出来之后把这个价值再传递给你，而是事先我们就共同来创造这个价值，以这个来主导大规模定制的标准。我认为将来不入库率可能会成为这个标准的一个部分。

陈姝婷：在全球的工业发展史上，生产方式有过两次重大变革，第一次是以美国福特汽车为代表的流水线，第二次是以日本丰田为代表的企业精益管理。那么第三次重大变革将会是物联网的发展带来的，在物联网的重大变革过程当中，您认为中国的企业会是什么样的地位或者是角色，海尔在物联网变革当中将会担当什么样的角色？

张瑞敏：我觉得这个在某种意义上叫换道超车，原来在那个道上我追不上你，现在突然有了个新的跑道，你可能比我背负的负担还要重，那我为什么不能跑到前面去？所以对海尔来讲，我觉得我们应该成为刚才所说的那个全世界公认的两种模式之后的第三种模式的引领者。你看福特的模式，它是靠流水线，通过流水线将每辆车的成本降到 500 美元以下，一下子占领世界市场，普通家庭都可以买得起汽车。到了丰田呢，它不光是流水线，从流水线扩大到整个产业链。

陈姝婷： 现在我们应该扩大什么？

张瑞敏： 生态系统。我们不仅仅是一个扩大的产业链，还扩大了用户的所有体验，我不再是给你提供一个你满意的产品，而是以这个产品作为载体，提供一个服务方案，这个和前两个模式有质的不同，也就是说我不再是获得产品收入，而是生态收入。举个例子说，像我们的冰箱，就不是仅仅提供一个冷藏食品的空间，而是提供一个食品方案，那么我就可以和很多有机食品商联合起来，给你提供一个方案。冰箱只是一个载体而已，将来它可能降价，甚至是免费的，这是颠覆性的。

陈姝婷： 在未来物联网时代，海尔会有什么样的应用场景？

张瑞敏： 这个应用场景简单来说，就是用户可以从各个方面得到服务方案，我们把方案整合起来。举个例子，我们搞了个"社区洗"物联网洗衣店。原来的洗衣机，用户买来就是洗衣服用的，其实我们认为用户要的不是一台洗衣机，要的是干净的衣服。那我们现在就把洗衣机上下游企业都连在一起，把服装行业连接起来，这样从你购买衣服到衣服的护理，都可以一站式完成。甚至还有洗鞋机，甚至包括烘干杀菌。

陈姝婷：这样用户就不用操那么多心，去好几个地方了。

张瑞敏：我们在洗衣机里加了一个芯片，洗衣服的时候，只要把衣服扔进去，不用再设定时间了，这是用户所需要的。将来所有的产品，通过一个载体连接，给用户提供一个完整的一次性服务方案。

未来，智慧工厂、智慧城市、智慧社区、智慧家庭等应用场景都需要以物联网作为实现基础。物联网有望复制互联网时代的光辉，必将在未来十年某个时间节点上实现爆发式增长，产生新一代的物联网领军企业。中国企业在"换道超车"的浪潮当中，希望海尔能成为第一个引爆物联网的企业。产品被场景替代，行业被生态覆盖，海尔生态系统里充斥着一个个活性细胞，为海尔这片土壤反哺着生命力。

创新点睛

格力、美的、海尔是中国最优秀的三家白色家电企业，从它们的创新路径比较来看，格力更注重核心技术的自主创新，把空调做到世界第一；美的更注重丰富的产品线，拥有目前世界上最大、最完整的小家电集团，在家用电器领域发明专利数量居第一；海尔相对来说，更注重运营模式的创新，加速生态转型，在管理思想的影响力、国际标准的制订上做到了第一。

陈姝婷：《中国制造 2025》是中国提出来的一个要实现制造强国的十年行动纲领。您认为中国要实现制造强国最大的挑战是什么？

张瑞敏：我认为更重要的，就是能够跟时代合拍。《中国制造 2025》一个很重要的核心就是大规模制造，大规模定制。而大规模定制再往前走，就是要为了满足用户的体验，也就是说我不是卖产品的,我是卖服务方案的。所以说我们在这方面如果走到前面,在全球就会有非常大的竞争力。

陈姝婷:您认为海尔在《中国制造2025》当中将会担当什么样的角色?

张瑞敏:在中国传统企业的转型方面,在这个计划当中,我们应该可以成为引领者。

在创新上快人三步,甚至快人十步的张瑞敏,永远走在时代的前面。然而,有时候在时代前面走得太远,会不被人理解,可当我们作为历史的旁观者或总结者去回望的时候,才能理解张瑞敏的高瞻远瞩。

真正的企业,是那些经过时间和世事淘洗而不断蜕变的组织。张瑞敏作为时代的敲门人,不断开启的颠覆性创新,让海尔一次次新生。

创新解决方案

秦朔 秦朔朋友圈发起人

我觉得一个有争议的企业,往往可能是一个伟大的企业。

中国是全世界第二大经济体,但到现在为止,几乎还没有几个企业能够真正在管理上对全世界产生影响,我觉得张瑞敏的人单合一真正产生了世界级的在管理上的影响。

实体企业要变成一个平台,要面临非常大的挑战。如果说真的能够把创业机制、创业文化、资源体系变成一个平台,这具有世界性的意义。

创新革命：中国企业的换道超车

何刚
《财经》杂志执行主编

以人为本，尊重人的这种管理创新和组织变革，是中国企业在面向未来更惨烈的竞争必须要补上的一堂课，张瑞敏在这方面做出了引领和表率。

张瑞敏先生应该说是中国企业改革、探索国际化的先行者。尽管他年龄在逐渐增长，但心态和创新的冲动，以及对于实践的好奇，始终比很多年轻人更显得年轻。他对于管理创新有一种坚定的信念，同时对于组织的变革有一种狂热的兴趣。他关注的是人本身。中国制造如何向中国创造转型？中国创造最终是什么？不是技术创造，是人创造。所以把人放到整个商业和组织最核心的位置，我认为这是张瑞敏作为工业化制造业的管理者，对于中国商业创新最大的贡献。

王高
中欧国际工商学院市场营销学教授

张首席能够随着市场的动态发展随时调整企业的发展战略，从把产品做好，到现在最快地响应客户的需求，因此诞生了今天人单合一的管理思想。

海尔的创新，更多的是响应客户的要求，倾听客户的声音，为客户解决问题。海尔面临最大的一个挑战是什么？就是小米的客户是打通的，它的所有的产品都有机会被同一个用户群去使用，而海尔小微的特点是每个客群未必是重叠的，所以它每一个单位的产品，可能都要重新去聚一群客户，这样的话，它的体量可能不够，共享也不够。所以如果真的想去享受生态经济带来的好处，这个挑战就很大，但也是一个必然选择。

滕斌圣   长江商学院副院长、战略学教授

海尔品牌是中国制造业在全球的一面旗帜，而张首席是企业思想界的一面旗帜，希望这两面旗帜都能够继续飘扬下去。

我记得郭士纳，IBM 的某一任总裁，到海尔了解了他们的所有创新以后，激动地对张瑞敏说："在我们这个年龄，也就 60 多岁的时候，还有勇气做这样底层的、最革命性的创新只有你！"据说这句话说得张瑞敏几乎潸然泪下。

张瑞敏对人性有非常深刻的洞察，也有勇气去激发人性当中比较善的，或者要自己来掌控命运的这一面。

第 8 章

创新，迎接中药智能制造的新时代

创新永远引领企业发展的灯塔。

徐镜人
3.26

> 企业真的像打仗那样拼命的话，哪有搞不好的呢？
>
> ——徐镜人

创新者主持人手记

本期节目我们访谈的企业家是扬子江药业的董事长徐镜人,他是一位低调和极具传奇色彩的领军人物,一生专注于医疗行业。外界都知道扬子江药业是中国最大的制药企业之一,而对于其为何一直不上市则充满了好奇。在访谈中徐镜人说:"一个人一生中能成功一件事情就很不容易了。"

第一次来到江苏泰州,见到徐镜人董事长。他操着浓浓的泰州口音,一身中山装,带着军人气质,如我所料,他的管理风格中少不了军事化的特色。

徐镜人践行"活到老,学到老"的企业文化,每次在扬子江大讲堂举行的员工学习交流大会他都会出席。

他悉心培养人才,在扬子江,有很多员工是大学一毕业就进入扬子江,成家立业都在扬子江,在扬子江上班的员工中有很多"夫妻档"。

徐镜人思维既严谨又包容开放,当我问到扬子江药业为何能多年来保持零负债和为何不上市等敏感话题,他也是娓娓道来,愿意和我们分享,并非如外界所传之保守。

董事长也有可爱的一面:一提到拍合照,徐老立刻整理衣服,挺起身板,表情严肃。身边的同事也乐了,说董事长本人每次拍照都是很认真的。

创新者画像

徐镜人,江苏泰州人,1944年10月出生,扬子江药业集团党委书记、董事长兼总经理。1971年他带头创办企业,历经半个世纪的拼搏,从白手起家变身千亿"药王"。把一家名不见经传的镇办小厂,发展成为今天引领中国医药工业发展的行业龙头企业,年营收超过800亿元,可与茅台的营收匹敌。扬子江药业一直把研发创新作为企业发展的战略基点,组建国家级重点实验室,引进高端科研人才,进行生产设备的智能化改造,致力于国家一类新药和创新药物的研发。

创新者绝招

创新常态化管理军事化

创新者论道

挖掘中医宝藏传统与现代结合的创新

陈姝婷:您认为创新是什么?

徐镜人:创新是在吸收前人劳动成果的基础上,开创了一个工艺,一个产品。

陈姝婷:您如何看待中国改革开放四十余来的发展变化?

徐镜人:最大的变化是实现了四个现代化,老一辈无产阶级革命家的夙愿得以实现。

陈姝婷：伴随着四个现代化的实现，伴随着改革开放，伴随着大国崛起，中国的企业也在快速成长。中国的药企，包括扬子江药业是如何快速成长起来的？

徐镜人：中国的中药企业，像同仁堂、济仁堂，这些老企业都有二三百年，甚至五六百年的历史了。而西药行业，在新中国成立以前都是教会和外国人在中国办的药企。新中国成立以后，一些国家赞助咱们搞的西药厂，这些西药厂的历史有60多年了。1958年大干工业时，我们这个企业的前身是一家造纸厂。

陈姝婷：为什么打算做药呢？

徐镜人：制药的决策不是我做出的，是我的前一任领导。他们学习回来以后，让我负责这项工作。也就是说，我从1970年开始负责这项工作，到1971年获批后办了个药厂。我们仅仅用了几万元钱，就把这个药厂发展起来了。

20世纪70年代，从部队转业回来的徐镜人接受任命，在当时的江苏省泰兴县口岸镇组建了一个"作坊式"制药车间——八个人、六口大缸、三间旧房，这便是扬子江药业的前身。成立之初，工厂举步维艰，老职工们自己动手建厂房，改造设备，艰苦创业，终于使得药厂运转起来。

在短缺经济时代，社会上普遍缺医少药，徐镜人"土法"上马的中药，在当时供不应求。然而，1981年，国务院规定，"严禁乡镇一级开办制药厂"，好不容易走上正轨的小药厂，也面临关停危机。幸运的是，厂里生产的板蓝根干糖浆在当地已经小有名气，市领导把这家厂子保了下来。

徐镜人：刚刚创办的时候，我们想在扬州市推广（泰兴当时属于扬州地区），那时候不让我们推广，因为我们是镇办厂，身份低。1988年我们在江苏120多家制药厂中夺得销售冠军，当时又不让我们介绍经验，因为我们是镇办厂，没有这个资格。

陈姝婷：那个时候，公司取名叫扬子江药业，有什么寓意呢？

徐镜人：我们厂在扬子江的边上，我们有资格叫扬子江。我们不是躺在那想出来的，我们能直接喝到扬子江的水。

扬子江，是长江从南京到上海河段的旧称。1988年，与扬子江药业共饮一江水的上海，爆发了严重的甲型肝炎，市场上的板蓝根被一抢而空。扬子江制药厂连夜生产，支援上海近400万包板蓝根干糖浆，徐镜人由此获得了"板蓝根大王"的名号。

1993年是扬子江药业的一个里程碑。徐镜人拿到了中医泰斗董建华教授的秘方，成功开发出纯中药新药胃苏颗粒，成为扬子江药业第一个具有自主知识产权的中药新品。

徐镜人：已故的中国工程院院士董建华老先生，当时在北京中医药大学做教授，他用汉代中医专家张仲景《伤寒杂病论》里的一个经典方，改造成治疗胃脘胀痛的经验方"香苏饮"，开发出胃苏颗粒这一产品。

陈姝婷：也是一个国家级的纯中药新药的研发。

徐镜人：是很了不起的创新。

陈姝婷：在当时是开创了中药研发创新的先河对吗？

徐镜人：对，董老的这个药，是中国第七个五年计划的重点中药的攻关项目。他还转让给我们一种治疗胃溃疡的药,叫荜铃胃痛颗粒,也是七五攻关的重点项目。

陈姝婷:当时有很多的厂家都在邀请他,但是只有你们能够成功地邀请到他,是什么原因呢?

徐镜人:因为我们苦苦地追求,多次拜访,他认为我们公司还是比较诚实的,可以委以重任的。他把这个产品转让给我们的时候,一分钱都没拿,全部是无偿转让的。董老这样无私的奉献,展现了老一代中国名老中医的气魄和胸怀。

"胃苏冲剂"一上市就引起轰动。1994 年,仅这一种产品就实现产值达 1.5 亿元,占当年企业年产值的一半。

陈姝婷:可以说当时从实验室到批量生产到推广,这个全过程实现了突破。

徐镜人:董老在药物研发上进行创新,我们生产上也要进行创新,要跟他配合放量,小试,中试,大生产,都要跟上去,我们的市场做得也还是可以的。

陈姝婷:进入 20 世纪 90 年代,扬子江药业成了中国药企的一匹黑马,您是怎样实现这种扬子江的速度的?

徐 总:胃苏的成功,标志着我们从这里起步了,我们的中药创新开始起步了,中药创新开启了扬子江高速发展的新篇章。扬子江是国内中药创新的一面旗帜,当时的卫生部部长张文康给出的评价是很高的。

扁鹊、华佗、孙思邈、张仲景、李时珍……几千年间,无数的中医大师在历史长河中熠熠生辉;《黄帝内经》《伤寒杂病论》《本草纲目》……中医理论的精髓在这些典籍中得以保留。然而，一段时间以来，受现代医学的冲击，传统中医药在远离主流医学的道路上渐行渐远。胃苏作为现代科学技术与祖国传统医药宝藏结合的典范，让中医药老专家们深感欣慰和启发：这是一条发展中华医药的理想之路。于是，刘渡舟、王绵之、路志正等国医泰斗们，相继将毕生研究的成果献给扬子江。扬子江药业采用现代制药技术，成功地研发出一大批中药新品。

"要与知识经济握手，先要和博士握手！"这是徐镜人常说的一句话。1998年，扬子江在全国医药行业率先挂牌成立"博士后科研工作站"和"国家级企业技术中心"，并投入3000多万元建造了设施一流的科研大楼；2002年，与北京中医药大学、南京中医药大学、中科院上海药物研究所等"联姻"，投入2亿元组建国家级"中药制造工程研究中心"；2003年，投资2.5亿元建立北京技术研究中心，研发方向锁定中药现代化和生物制药产业……期间，扬子江药业还成功举办两届院士高层论坛，汇聚数十位院士共商中药现代化大计……

徐镜人：2005年，人民网组织全国70个网站，对82万名患者网民进行调研，投票选择最满意的药品，我们胃苏是第一名，那真的就是殊荣了。

陈姝婷：执行和博士握手的创新策略，在胃苏之后，又成功研制出苏黄止咳胶囊、蓝芩口服液等多个中药新品，公司在中药研发的产品线布局上如何做创新？

徐镜人：现在，我们年销售额超过10亿元的中药已经到达了四种，最高有 30 亿元以上的水平。而且我们的药都是口服的，品种有十几个。比如像治疗口腔溃疡，还有妇女的经前期综合征和更年期综合征，也有自己的中药，还有治疗儿童积食的药。而且我们的定价也不高，很适合目前的市场需要。我们从中药的创新中带来了西药的创新，再到改良药、创新药的发展道路。

创新点睛

> 借助老中医的无偿赠方，结合扬子江的生产创新和市场推广，徐镜人探索出一条现代制药技术和中华传统医药相结合的理想之路，获得现金流之后，与知识经济握手，和博士握手，加大投资研发和创新力度，把过去散兵游勇的分散创新汇合成一种集成创新，把研发成果和市场需求结合，并加快推向市场，是扬子江成为医药界黑马的秘密。

半军事化的管理创新

陈姝婷：您和任正非、王健林等企业家都是军人出身，您和他们有什么共同之处和不同之处？

徐镜人：我跟他们的区别在于他们比我更具国际化视野。任正非是我比较佩服的人，艰苦奋斗，打出一片天下，他也是我们民营企业家的骄傲。他在国际化这方面做得比我们好多了，我们在很认真地向他们学习，经常去听他们讲课。

陈姝婷：军人的这种经历，对您做企业管理有什么影响呢？

徐镜人：这不是军人的问题，这是一个年代的问题。我们那一代人受的教育不一样，应该说多了一种执着，看准了目标，不容易投降，不容易动摇。

陈姝婷：您是怎样把军队的管理方式运用到企业管理当中的？

徐镜人：这个要拿到一定的历史背景下讨论。退伍军人创建的企业，历史上来说大庆油田是最优秀的样板，现在就是任正非的华为。我们国家原来是没有原油的，在大庆发现了原油，铁人王进喜作为一个典范，提倡"三老四严"，"三老"，就是说老实话，办老实事，做老实人。"四严"，就是严格的要求，严密的组织，严肃的态度，严明的纪律。这些都是军队打仗时候需要的作风。我们好多职工把大庆油田的精神都贴到自己家的墙上。现在做事都有奖金，有激励。那个时候大庆人没有奖金，真的不简单。

主持人：完全是精神上的激励。

徐镜人：如果你们企业的员工真的像打仗那样拼命的话，哪有搞不好的呢？任正非创业像跟敌人打仗一样，一定要打胜仗。这个不得了，我从他身上只学了一点点皮毛。

陈姝婷：他的团队很多人都是退伍军人。

徐镜人：否则的话，哪有这么好的纪律！所以从这个角度上看，我们还需要发扬老一辈无产阶级革命家、老一辈工人阶级的先进传统，向优秀的人学习。扬子江也是在这样的精神指导之下取得了成绩。

陈姝婷：都说您是一个执行力很强的人，您是怎样将您的执行力贯彻到公司的上下，让整个组织都有高度的执行力呢？

徐镜人：我就举一个例子，当习总书记提出供给侧改革的时候，我们就抓住供给侧的改革的旗帜不断地奋斗，看看我们需要改革的哪些内容，怎么来降成本，怎么来降库存，怎么来淘汰落后产能，培养先进产能，这些工作我们都做得比较好。所以说，在新的改革的形势下，我们与中央的指示精神是同频共振的。我打了个比方，我们中国是龙,中央就是龙头,我们仅仅是龙身上的一个细胞,是要跟着龙头走的。

徐镜人和任正非、柳传志同一年出生,三个人都有部队参军的经历。创办联想集团的柳传志,1961年入伍,在部队待了5年的时间;任正非从重庆建筑工程学院毕业之后应征入伍,成了一名基建工程兵,经历了17年的军旅生涯;王健林15岁的时候入伍,也是从军17年。这些企业家的出身和学历背景与科研、市场、管理相去甚远,但是都有一份执着和初心,为人克制、谨慎、自律。他们有着典型的"少说多做"的企业家特质。

创新点睛

毕业于美国西点军校、曾任美国陆军特种部队指挥官、多家著名公司独立董事和培训专家的费拉尔在他的畅销书《没有任何借口》中说:"'没有任何借口'是美国西点军校200年奉行的最重要的行为准则,是西点军校传授给每一位新生的第一个理念。"企业全部的秘密就在于"没有任何借口",在于"没有任何借口"所体现出的一种负责、敬业的精神,一种服从、诚实的态度,一种完美的执行能力。

中药智能制造的新时代

经过了半个世纪的发展,扬子江药业如何打造百年药企?进入21世纪后,公司通过质量标准化、科研常态化、生产智能化等一系列创新,开始向着专业化、现代化、国际化的医药集团迈进,促进东西方医学优势互补,光大祖国中医事业,引领未来医药工业的发展。

质量创新中药的标准化

陈姝婷： 公司大概每年投入多少资金，用于国家的一类新药和创新药的研发？

徐镜人： 用经济价值计算的话，恐怕一年有5亿~10亿元的水平，这只是资金，扬子江在创新方面投入的资源还有很多，特别是人才的资源、质量技术的资源。如果质量技术都没有的话，你创什么新呢？

陈姝婷： 扬子江有五个中药材的标准被列入了欧洲药典，创新性地构建了中药整体的质量标准体系，这对于中国的医药行业有什么样的重大意义？

徐镜人： 说明欧盟认可中药，我们扬子江给欧盟做了五个标准，这五个标准就是我们中药出口到欧洲的标准。

陈姝婷： 说到质量，扬子江药业在全国有那么多大型的工厂，那么多个车间，怎样保证在每一个车间、每一个员工生产出来的药品都符合质量标准？除了企业文化以外，在管理上怎样去严控质量体系？

徐镜人： 我们的生产文化就是为父母制药，为亲人制药。要为人民服务，为了创造人民追求的美好生活，我们应该有担当。以前，我们把每年的10月作为质量月，后来，我们又增加了6月一个质量月，我们已经做过41次质量月活动了。在执行质量高、惠、普这个基础之上，我们也要把安全放到里面去，变成质量品牌安全环保月。

陈姝婷： 有一个好玩的说法，您的基层员工说，平时一般见不到您，但是有一天一定能见到您，就是开扬子江大讲堂的时候，您能在那儿坐一天，这是雷打不动的。

徐镜人： 我们什么竞赛都有，节约的、研发的、经营的、销售的、生产技术等各方面的。我们现在设置了一个扬子江大讲堂，专门在每个月底，要把企业的错误和缺点，长处和优点，集中筛选出来，让大家进行讨论，找出原因，发挥长处，克服缺点。这个方法可能很土，但是它的效果是好的。

主持人：对企业的安全生产要高度重视，安全第一。

徐镜人：有些事故就发生在我们身边不远的地方。如果你这都不重视，下次可能就发生在你身上。我们要高度重视正反两个方面的经验教训，才能走好自己的路。

为了从源头把控中药材的质量，扬子江按照国家颁布的 GAP 规范要求，在全国建立了板蓝根、黄芪等 31 个中药材规范化生产基地。同时，也建立了中药材质量追溯系统。患者购买后，只需扫描产品包装盒上的二维码，从药材种苗开始，到采收，加工炮制及整个生产过程，可全流程实现溯源。

技术和研发创新中药的智能制造

"堂称龙凤，地间泰常。制中成药，作大文章。洲渚永安之镇，集团扬子之江。执行业之牛耳，放云霄之马缰。"中国韵文学会会长钟振振的一首《龙凤堂赋》，道出了徐镜人的雄心。2013 年，徐镜人启动建设龙凤堂大健康产业园，集中力量打造自己的"中药王国"，将发展目光投向大健康产业。

徐镜人：我们的中药品种比过去厉害很多了，所以感觉也要搞一个自己的堂，想来想去，我们这儿是凤城，常州是龙城，长江大桥把我们连在一起了，大桥快落成的时候，我们就取了个名儿叫龙凤堂。

陈姝婷： 扬子江以旗下的龙凤堂为核心，打造了中国最先进的中药智能生产基地，在这方面，人工智能和智能制造是怎样应用到这个场景当中去的？

徐镜人： 我们吸收了德国、日本等一些国外先进企业的优秀经验；吸收了智能化非制药企业的那些优秀的、我们能用的标准；又借鉴了制造行业，比如像上海卷烟厂的消毒加工工艺，然后再创新我们中药的智能化自动化设备。像我们搞的新药化智能化的前处理，本来要1000个人做的工作，现在40个人就够了。

陈姝婷： 节约了大量的劳动力。

徐镜人： 40个人就够了，这个不简单，我们扬子江做到每一个新的车间都有新的设备，具备新的制造能力。

提取、分离、配料、洗瓶、灌装、密封、检测、装盒、码垛……智能机器人配合默契，龙凤堂还实现了从原药材入库到中成药成品出库自动化和智能化的全过程控制。如今已很难想象扬子江刚刚起步时的小作坊场景了，传承数千年的中药处理工艺，正在被智能制造赋能。

陈姝婷： 制药是一个传统行业，它的质量和声誉非常重要，而创新是要拥抱变化。您是怎样在传统和创新之间保持平衡的？

徐镜人： 我们这个国家，要在创新的旗帜下好好地发展自己，要赶上世界的创新步伐。创新要分为中药和西药，西药是走的外国人创新的路，现在，中药的创新仍然没有西药的创新呼声来得高。因为西药走向了大分子，像罗红霉素，抗生素药，大分子药创新的范围很大。而我们能涉及的只是其中的一点点，范围并不是很宽广。

小分子药容易仿制，大分子原研药的结构复杂、生产工艺严格，无法做到100%仿制，仿制难度相当于从零仿造一架喷气式飞机，除了外形还需要同样的发动机，可靠的机身材料，严格的生产工艺。有人总结说，研发一款新药，平均需要投入423个科学家、6587次临床试验、700对万小时以及超过10亿美元的资金……

陈姝婷：扬子江药业如何保持在研发上的连续创新呢？

徐镜人：企业的创新，是螺旋式向前发展。有时候我们做得好，有时候做得不是很好。做得不是很好的时候，我们要总结教训，加以调整。目前来说，创新研发已经步入正常发展的快车道。仿制药我们已经做得比较好了，以后主要就是进行新药的创新，还有中药的创新。

陈姝婷：国家现在大力发展科技，发展医药大健康，您对于中国的医药大健康行业的发展，有什么样的看法？

徐镜人：对扬子江来说，第一是科技，我们的科技人才要多；第二是责任，责任也很重要；第三，投资也很重要。三者缺一不可。我们要把中药好好地发展一下，西药也要很好地发展一下，任务很重。所以我们布局的兵马也比较多，这就要看效果了。

创新点睛

一直以来，中国的医药研发停留在仿制药的水平，主要生产和销售仿制药。随着带量采购的实施，之前定价较高的仿制药价格将会逐步下降，企业以仿制药为主的经营模式将面临日益增大的压力，而创新药领域则将逐步享受从加速审评到加强医保承接力度的红利。创新药在未来将大有可为。

发展创新中药资本化、国际化之路

扬子江的掌舵人徐镜人曾讲过:"做真正健康的企业",他给扬子江制定了独特的"三不"战略:不搞兼并联合,不盲目上市,不做自己不熟悉的产业。这就是广为流传的扬子江"零负债、不上市"的徐氏智慧。

陈姝婷:在您身上也有一种非常独特的个性,扬子江是中国第一大药企,但是您不上市,也从来没有负债,这是为了现实的考虑,还是一种标新立异呢?

徐镜人:不是不贷款,是我们不需要贷款。需要贷款的时候,我们也会贷款的。我们之前并不是没有银行贷款,而是在2009年把银行的贷款还了,变成一家外无外债,内无内债的企业。我们所有开工的药厂、研究所,用到的这些设备和机械,都没有向国家要一分钱。

陈姝婷:为什么一直不上市?

徐镜人:以前没有这个必要。

陈姝婷:新药研发在资本上的投入很高,在没有借助资本的杠杆之下,扬子江药业是怎样保持发展速度的呢?

徐镜人:我觉得关键还是在思想上。国家创新引领高质量发展,这是需要我们认真考量、学习的。如果你自己本身就安于现状、思想僵化、落后保守,那是没有前途的。

陈姝婷:未来会有上市计划吗?

徐镜人:很有可能,将来如果我们确实看到很好的创新项目,很大的项目,如果资金不够的时候,可以谋求股民投资,一起来发展产业。

陈姝婷：公司要进一步的发展，有没有和外商谈过合资的事情？

徐镜人：来谈的外商有很多很多，他们都是想拿钱来入股，我说这个不行。你要是真的拿钱来入股，拿了我们的资产的50%，那你就把药拿到国外去销售50%，我们企业入股的50%在国内销售。这一下，没有一个同意的！

陈姝婷：现在咱企业不差钱。

徐镜人：我不是说不跟外人合资，合资的好处是什么，我们要好好考量。如果合资的话，我们主要还是想搞研发，马上我想跟日本人合资搞研发，因为他们的西药看来比我们还强得多。我们也想跟德国人合资搞研发。所以现在不是一般的简单谈合资了，说句老实话，我们的国际化水平还差。

如今，中医药已服务了180多个国家和地区，但这并不等于中药已国际化，更不等于中成药国际化。中医药走出去的生命力，不在针灸、推拿、按摩、拔罐等医技，而是要把中医典籍中蕴含的大量经方验方，经过研发生产出中成药，实现国际化。中药通常为多种成分的混合物，化学成分并非完全清楚。中成药产品要到海外注册上市，作为药品应具有明确的化学成分，每种化学成分的药效学作用，甚至化学成分之间的相互作用对药效及毒性的影响，目前很难确定。

陈姝婷：你们在下一步的国际化这方面，有什么计划呢？

徐镜人：有两个原则，一个原则就是要有利于中药市场拓展，一个原则就是西药方面有资源的。中国人要把自己的药销到世界各地去,特别是那些疗效确切,又能解决西药不能解决的一些疑难杂症的好中药。

陈姝婷: 让全世界人民尽可能享受到中医药的发展成果。如今,中医药的独特优势也正在不断显现。

徐镜人: 上一次,国内有个代表团的成员跟我讲,俄罗斯的药品制造还是停留在我们国家的20世纪70年代的水平,能不能在那办个厂,他们有科学家,可以帮我们搞大分子药。我说可以考虑,但是我当时没有考虑成熟,最近我想派个专家到俄罗斯去恳谈一下。另外,我们也考虑到东南亚,或者欧洲。美国还要多打听打听。不打无把握之仗,不打无准备之仗。有把握才能下手。

我国是中药的资源大国,然而,目前内地出口的中药中,药材占比近80%,附加值较低;中成药一年出口额只有2.56亿美元,其中50%~70%销往中国香港地区,卖到发达国家的不到1亿美元。

新冠肺炎让世人重新认识了中医,成为中医复兴的分水岭。国内民间捐赠的中成药、饮片不断发往美国、澳大利亚、意大利、西班牙、东南亚;部分制药企业加大市场推广力度,往亚洲、欧洲出口符合标准的中药颗粒(制剂),传统中医药治疗新冠肺炎的方案,也随着国家援外抗疫医疗队走出国门。

截至2019年,扬子江已有4个车间、7个品种获得欧盟GMP证书,58个中西药制剂品种出口至欧洲、亚洲、非洲的29个国家和地区。

陈姝婷: 您对未来十年扬子江的发展有什么样的展望?

徐镜人: 我们未来十年的发展,重点还是在创新发展上,多去讨教学习，不能服输，不能服软。在国际上要与人合作，争取找到创新的切入点。

陈姝婷：您的人生哲学是什么？

徐镜人：我的人生哲学最重要的是把事业搞上去。除了事业和灵魂，其他一切东西都不能伴随你整个人生。以人民为中心，以老百姓的好恶为我们的好恶，不要跃这个坎。如果只想自己发财去潇洒的话，肯定不会有什么事业的。另外，我们不能搞投机，不能想着自己怎样去享受，更不能去做那些违规犯法的事。

陈姝婷：在您的创业历程当中，最困难的一件事是什么？

徐镜人：在我们面前，没有最困难的问题，下一步会遇到什么困难，很难预料。不管什么困难加在我们头上，我们都必须要跨越过去。

创新解决方案

秦朔　　　　　　　　　　　　　　　　秦朔朋友圈发起人

扬子江和徐总给我的印象是百尺竿头，更进一步。

质量为本是扬子江能够几十年生生不息的一个根本。制药看起来是很简单的一件事，但是相关的支撑学科群非常复杂。未来的创新可以称之为复杂创新，复杂的东西看起来都是很小的，但是其中复杂的知识密度极高。

何振红　　　　　　　　　　　　　　《中国企业家》杂志社社长

徐总坚韧前行，心中有灯塔。

他有一种穿透商业本质的能力，每到一个关键的关卡都去解决核心问题。在坚持质量的基础上注重标准化,这是很重要的因素,无论是中药生产过程还是种植过程的标准化,都推动了中药标准国际化,促使其被广泛接受,有很多的标准已经被列入欧洲药典。从关注质量到制订标准,是一个企业提升很重要的标志。

余明阳　　　　　　　　　　上海交通大学中国企业发展研究院院长

中国的民族制药工业任重道远。我特别希望扬子江这样的企业能够为中国民族制药企业闯出一条路来。

从未来的角度来看,我想中药市场会有比较大的发展空间。但是它要解决很多精准化的标准问题,这些东西我想随着智能化程度的进一步提升,好多不好解读的东西都可以解读出来,所以,我对中国中药的前景还是比较乐观的。

第 9 章

工业互联网下的智能造变夕阳为朝阳

只要用 3~5 年时间,我完全可以打造一个新的雅戈尔。

——李如成

创新者主持人手记

企业家李如成,和改革开放同步创业,把雅戈尔从一个小作坊打造成为中国服装行业的龙头,他有着浙商的敏锐、精明、儒雅和低调。他是横跨服装、地产、金融领域的多面手,从制衣到金融再到房地产,他能把每一件事情都做到赚钱。

花甲之年,再次拥抱变革,以智能制造和智慧营销再造一个雅戈尔,重塑中国第一男装品牌。

来到宁波雅戈尔总部,在访谈中,李如成分享了中国服装行业四十年的风云变化,他始终对服装行业充满情怀。

雅戈尔展馆访谈

访谈印象一:见好就收,从主业到多元化再到回归主业

访谈印象二:具有远见卓识,对政策、趋势的把握非常精准,兼具务实与精耕细作精神

访谈印象三:扎根浙江,家喻户晓的地方纳税大户,打造了一个地方经济圈

访谈印象四:充满科技感的VR量衣,个性化定制,大胆拥抱大数据和科技赋能

第9章 李如成

工业互联网下的智能造变夕阳为朝阳

创新者画像

李如成，雅戈尔集团董事长。40年前，他用仅有的2万元知青安置费创办乡镇服装厂，现在，他的企业每年向国家交纳税款20多亿元，已成为国际化企业集团。40年前，他自带尺子、剪刀在简陋的青春服装厂做裁缝，在一米见方的布匹上一点点耕耘。40年后，他在服装帝国的版图上攻城略地，运作了中国服装业最大的海外并购，促使金融、地产、服装的多元化战车三足疾驰，并能收放自如。

出身农民的李如成青春不老，从学习上海、学习国外，到自己创牌，带领雅戈尔引领了中国服装界40年的潮流变化。如今，再次拥抱变革，以智能制造、智慧营销等一系列创新举措，重塑中国第一男装品牌，借工业互联网的东风打造服装界的新零售。

创新者绝招

顺势而为 眼光独到 收放自如

创新者论道

四十不惑 创新的时光机

阳光穿透半圆球体形状的玻璃，通过散开的"伞面"，留下影影绰绰的光感，明与暗的叠加，营造出极具感染力的磁场。门头区域流线型造型的飘带，带来一种面向未来的想象力。消费者穿过"时光隧道",犹如置身于一个充满科技感的空间之中。2019年10月23日,在雅戈尔总部所在地浙江宁波,雅戈尔时尚体验馆001号揭开了神秘的面纱。AR试衣镜、5G智能导购机器人、3D量体,应用大量的新科技营造出沉浸式购物的体验。

陈姝婷: 新零售时代来临了,在新零售的理念下,智能化的场景中,我们现在买一件衣服,是一种什么样的体验?

李如成: 当一个客户进入我们门店以后,3D量体只要五秒钟,身高、三围,包括脸型数据就进入我们的平台,我们可以根据消费者的数据为他量身定做服装。

陈姝婷: 那么就打破了现在工业化生产的S\M\L\XL型号等这些固定的尺寸标准了?以后还需要看这种型号标签吗?

李如成: 中国目前的服装行业标准是20世纪80年代制定的,借助40万人的样本得出一个大众化的标准。雅戈尔利用3D的数据以后,把几千万个VIP用户数据录入到我们的平台,这样我们可以把它归类,不光是量身定做,我们实际可以把消费群体做出分类,身材数据近似的人,都可以买到现成的服装。而且,通过VR把人体影像引入我们平台以后,再通过App反馈到他的手机中去。现在支付也非常方便,这样随时可以线上销售。

陈姝婷: 所以也打破了时空的概念?

李如成: 对。比如一个从北京来的朋友忘了带内裤,他只要拿出手机找到喜欢的产品,等他来到了入住的酒店,产品就可以送到。我们以后的方向是和顾客共同开发产品。比如顾客试穿或看到新的产品,但是不合身,他可以传给我相关信息,我就可以给他定做,因为数据在我的库中嘛,我认为这是行业的一个革命。

陈姝婷： 这是非常值得期待的事情，还有多长时间就可以推广了？

李如成： 再过两年，基本上全国的雅戈尔门店都可以做到 3D 打印，当然现在美国、欧洲也有，但他们的数据不是很准确，工差比较大。同时他们的装备的信息化没有中国的好，现在中国大数据信息手段已经走在世界的前列。我曾经花 20 万欧元买了一台德国的装备，看起来还不如我们自己开发的装备好。

陈姝婷： 那根据新体验，用户用手机进行虚拟设计，选择面料，通过雅戈尔的官方 App 下单，从虚拟设计到最后服装生产出来，大概需要多长时间？

李如成： 按照我们过去的做法最快要三个星期，从在我们的门店量体开始，到设计、下单、生产、送货上门，现在可以保证在一星期送到顾客的手里。

新零售的营销理念，加上 5G 和人工智能的应用，针对提升消费者体验感和幸福感的不断创新，是雅戈尔在新零售时代的标配和常态。从 40 年前用 2 万元知青安置费创办的乡镇服装厂，到今天的中国男装第一品牌，雅戈尔已经历 40 年的发展历程。打开创新的时光机，穿越 40 年的时光隧道，我们会发现一个个雅戈尔创新的记忆和坐标。

横向联营 向大城市学习

陈姝婷： 2019 年是雅戈尔成立 40 周年，40 年来，雅戈尔的发展经历了哪几个阶段？

李如成： 第一个阶段主要是靠跟上海横向联营，学习上海的管理技术；第二个阶段是中外合资，开始学习国外的先进技术，并尝试着走出去；第三个阶段开始真正的快速发展，成为股份制试点并上市，实行多元化战略；第四个阶段就是回归服装主业，拥抱工业互联网。

1980年，改革开放荡漾起阵阵春风。15岁到农村插队，15年以后已经30岁的李如成回到宁波，进入一家开办不到两年的乡镇企业——青春服装厂。

李如成：1980年人们的思想已经比较解放了，也可以做个体户了。我为什么选择这个行业呢？我认为服装行业跟人生是分不开的。尽管乡镇企业随时都有倒闭的可能，但我学点技术，万一倒闭了，我还可以开一个裁缝铺。当时完全是从谋生的角度选择这一行业。

陈姝婷：你们是如何把这个厂发展起来的？

李如成：因为我们都是农民，还有社会上的一些知青，没有技术，没有资本，所以我们借用了上海的管理技术。我记得刚开始的时候，搞了两条生产衬衫的流水线，请了20个上海的师傅，一口气把技术学到手，这是一个非常好的机会。不光是学会基本的技术管理，更是要培养对市场的灵敏度。我几乎每周都要去趟上海，把上海的信息、市场的变化及时带回宁波，指导我们公司的生产经营和发展。

陈姝婷：后来您的第一桶金应该说是和上海的开开联合经营挖到的，是怎样得到的一个这么好的机会？

李如成：我们雅戈尔是一个小厂，但业务量很大，我就把这些业务量扩散到当地的乡镇，让他们为我们加工，他们传递给我们一条信息，上海的开开也在寻找新的加工点。我们就和开开搞了一个横向联营，刚开始是给他们做加工，加工费不高，一件衬衫有两三毛钱的利润。后来就跟他们谈，让他们把品牌授权给我们经营，我们用开开的品牌向全国推广,这样一件衬衫可以赚两三元钱,能够提高一个层次。

创牌 合资 出海

凭借与上海开开衬衫厂的合作,李如成赚得了第一桶金。到了1985年,青春服装厂的利润已经超过200万元。然而,进入20世纪80年代末,香港金利来、法国皮尔·卡丹等一批知名品牌纷纷进入中国市场,原来上海、北京的几个国内的一线品牌沦为二线品牌。为了谋求发展空间,1990年8月,青春服装厂与澳门南光集团合作,一家全新的中外合资企业——雅戈尔成立。

李如成:雅戈尔原来的品牌叫北仑港,是个三线的品牌,怎样能突破三线品牌的命运呢?我们就开始向海外学习。我找了一家企业合资,把原来的青春服装厂合资成为雅戈尔这家企业,引进了先进的技术、管理经验,包括一些分配的模式,让我们的经营团队、管理思想达到一个更高的水平。我面向的不是国内,而是全世界!我记得从20世纪80年代末开始的十年当中,我们的盈利以每年88%的速度增长。应该说中外合资把雅戈尔推向了一个更高的平台。

创新点睛

这一阶段是雅戈尔的创牌阶段。中国企业最早都是做加工,做外贸,数量很大,但是毛利率很低。没有品牌就没有溢价。

"天时地利人和"造就雅戈尔。"天时"——改革开放的东风,使雅戈尔能够看世界,看审美,看风尚,看潮流;"地利"——雅戈尔所处的浙江宁波,天然具有港口的区位优势和上海母体文化的连接性。"人和"——浙商敢为人先的精神,赢得了巨大的创新红利。

陈姝婷： 进入20世纪90年代以后，随着实力的壮大，雅戈尔开始进军海外，还收购了几家海外企业，当时为什么要进行海外收购？

李如成： 因为美国的市场几乎是一个垄断的市场。一般的企业很难进入美国的商圈里，它比较讲究路径，不能随便地去改变。我收购美国的企业，这样就能得到它的渠道，就能很快进入美国市场。大的收购有两次。我们先是收购了一个叫KELLWOOD的美国企业，旗下有新马和SMART两家公司，并购金额高达1.2亿美元，成为当时纺织行业最大的一笔收购。这样，我们进入美国市场，一年有五六亿美元的销售额，也带动了我们国内的生产。后来我们收购了美国的一个比较精致的品牌，就是哈德马克斯，我收购了它大中华区的工厂，花了1000多万美元。这个品牌运营以后，有1亿多元的利润。

创新点睛

这里有一个所谓的品牌原产地效应，是指由于进口商品原产地的不同，而使消费者对它们产生不同的评估，进而影响到购买倾向。例如有消费者觉得香水就是法国的好，服装就是意大利的好。所以这个时候雅戈尔去收购一个外资的品牌，其实是看到了原产地效应，去顺应原产地效应。

40年 跟随潮流而动

40年前，如果走在大街上，一眼望去满是绿、蓝、黑、灰的"制服"。人们对服装的认识，是"新三年，旧三年，缝缝补补又三年"。心灵手巧的人，还会用布票换布去手工缝制衣服。改革开放之后，布票被废止，棉纺织品、化纤制品的种类越来越多，服装也从颜色单一的绿、蓝、黑、灰演变成了五彩缤纷。逐渐兴起的港台风，日韩风，还有巴黎、纽约、米兰吹来的欧美风……一次次刷新了国人对时尚的认知，在对潮流的追逐中，大家逐渐开始把目光聚焦在衣服的品牌和款式上。

陈姝婷：在改革开放之前，人们对男装的认知停留在"老三样"的阶段，一个是工装，一个是军装，还有一个是中山装。改革开放之后，人们对于男装的要求有了提升，雅戈尔作为国内主导的男装品牌，在设计的把控上是怎样做的？

李如成：当时我们跟几百家商场保持了良好的关系，对市场的敏锐度非常高，因为我们的机制比较灵活，市场需要什么，我们就生产什么，而且我们聘请了很多国内外的大牌设计师，包括日本的、韩国的、法国的，以此不断提升我们的设计能力。

陈姝婷：除了设计师是来自世界各地的以外，你们在设计方面还做了哪些创新？

李如成：这两年，为了创建世界品牌，我们跟世界上最好的供应商合作，跟全世界最好的五家面料厂来合作共建。他们尽管有很好的生产基础，但是对中国的市场不了解。我们对中国市场比较了解，所以我们合作以后，特别是新创的 MAYOR 品牌，迅速得到市场的认同，这两年每年以 200% 的速度成长。

从服装品牌到多元化集团

1993 年，雅戈尔成为浙江省第一家股份制试点企业，1998 年成功在上交所挂牌上市。2001 年，雅戈尔国际服装城竣工投产，雅戈尔成为年产衬衫1000万件、西服200万套的亚洲最大的服饰面料生产基地。在发展服装产业的同时,雅戈尔也将触角伸向金融和房地产领域。

陈姝婷:20世纪90年代是雅戈尔飞速发展的年代,但1992年的时候,雅戈尔迈入了房地产领域。为什么在服装业务发展迅猛的时候涉足房地产呢?

李如成:1991年是对我影响很大的一年。当时国务院表彰了1000家全国的乡镇企业,51位优秀乡镇企业家。正好我是51位乡镇企业家里最年轻的一个。当时听几位前辈讲,现在要开始搞两件事情,一个是搞股份制改造,一个是要开发房地产。我听了这样的消息以后,回来就马上筹备。1992年,雅戈尔成立了两家房产公司。1993年着手股份制改造,成为浙江省宁波市的一家试点企业。我们向员工募集了1200万元,加上企业积蓄有1400万元,共2600万元成立一家规范化的企业,1998年上市。

从1992年首次涉及房地产开始,房地产板块业绩一度赶超服装板块,贡献的总营收占比一度超过7成。2003年,房地产业作为拉动中国经济发展的支柱产业的地位被正式确认,雅戈尔再次加码地产。随后几年,金融投资业也出现前所未有的高潮,各界资本纷纷进入。

陈姝婷:也有人将您称作中国的巴菲特,因为您后来投资了中信证券和宁波银行。您当时为什么要做投资的这些布局呢?

李如成:1992年以后,国家的变化很大,人们的思想也非常活跃,小平同志讲过,金融很重要,是现代经济的核心。我们曾经有一个梦想要去搞一个银行,雅戈尔曾经跟宁波市农业银行合资搞了一个中国农业银行雅戈尔办事处,只能做一个试点的模式,后来因为不合规就停办了。停办以后就开始在金融投资方面做一些探索,所以我们在上海成立了一家金融投资公司。

陈姝婷:当时出于什么考虑选择了中信证券和宁波银行?

李如成:当时要求我们入股的企业很多,特别是证券公司,但是中信证券确实不一样,他们的董事长常振明,总经理、副总整个班子到我办公室来推介。我们对中信还是很崇拜的,能够跟中信合作也是一个非常好的机会,我们投资了3.2亿元,占了中信证券10%的股权。投资宁波银行是响应政府的号召。政府想改变它的股权结构,邀请了几家宁波的大企业,包括雅戈尔、杉杉。这样就给了我们一个很好的机会。

陈姝婷:现在看来那两笔投资都相当成功。您认为做投资跟做实业有什么区别呢?

李如成:我认为实际上是相通的,实业可能要更加一步一个脚印,来不得半点虚的,特别是我们这个行业。投资也是一样,不能投机,而且眼光要长远,还要耐得住寂寞。同时,无论做实业还是做投资,好的企业、好的团队都是最重要的。金融投资也要有一定的实业基础,这么多年我差不多走访了几百家被投资的企业,也是一个我学习的机会。但投资的风险会更大,波动会更大。

从20世纪90年代起,雅戈尔以服装生产、地产开发、股权投资为核心的三大业务并驾齐驱,一度被人称作"服装领域最懂金融和地产的公司,也是资本圈里最擅长卖服装的公司"。然而,在主业上的无所作为也备受诟病。2007年底,美国财经杂志《商业周刊》的一篇报道曾批评雅戈尔,称其"除股票与房地产投资业务外,其他业务已变得无足轻重",但后来事实证明,媒体的担心似乎有些多余,李如成收放自如的本领显然被低估了。

创新点睛

> 企业多元化是时代的产物。在20世纪六七十年代的美国,大企业几乎全部多元化。以通用电气为例,最多的时候一年可以做2000桩收购,也进入金融、媒体等与主业毫不相关的领域,而现在基本上把别的业务都卖掉,只留下了核心的制造业。而在发展中国家的起步阶段,因为很多市场都是从零开始,没有那么高的专业门槛,企业多元化的概率更高。多元化是一种短期的机会型的策略,不能成为一个企业长期的战略,主业才是企业长期可持续发展的基础。

从三驾马车回归一马当先

陈姝婷:往前推10年来看,似乎很长一段时间在服装界的主业上没有听到雅戈尔的声音。2016年,终于听到了雅戈尔在服装界的主业上发出的声音,非常高调地宣布了一系列的战略,这是为什么呢?

李如成:我们判断,房地产的黄金时代已经过去了。金融投资风险也很大,尽管有些项目有比较好的收益,但是投资周期长,导致效益的不稳定。2016年以后,新经济蓬勃发展,雅戈尔又迎来了一个转折,雅戈尔开始重新起步,从长远来看,还是专注于服装主业品牌。

陈姝婷：在全球经济低迷的时候，很多服装品牌都关闭了线下的门店，雅戈尔逆势而动，雷厉风行地"开大店，扩大厅，关小店，优结构"。为什么2016年之后，雅戈尔要选择逆势而动呢？

李如成：我们已经完成了融资，雅戈尔应该说是这个行业里资本最强的，而且基础也比较扎实。我们有一条非常完整的产业链，所以雅戈尔开始重新打造三大板块，一个板块是智能制造，一个板块是智慧营销，一个板块是生态科技。

拥抱工业互联网的智能制造

工业互联网被定义为是连接工业全系统、全产业链、全价值链，支撑工业智能化发展的关键基础设施，是新一代信息技术与制造业深度融合所形成的新兴业态与应用模式，是互联网从消费领域向生产领域、从虚拟经济向实体经济拓展的核心载体。借助工业互联网发展的契机，雅戈尔推出"智能制造""智慧营销""生态科技"等一系列创新举措，重塑中国第一男装品牌。

主持人：拥抱工业互联网，雅戈尔在智能制造方面有哪些创新？

李如成：首先把基础工作做好，用标准化、自动化、信息化、智能化"四化合一"的办法来实现。标准化主要包含技术标准和工作标准；自动化则重在新技术装备的使用；信息化则侧重于将"前台""中台""后台"打通；智能化则重在实现营销渠道的智能化改造。

从2017年起，李如成投资1亿元，开始对精品西服工厂进行"智慧"改造，自主设计整套生产信息化管理系统，实现西服定制工业化量产。雅戈尔生产车间进行智能化改造后，单件西服个性化打样时间只需40分钟，整套西服生产周期只需2天。其中，上装西服与裤装的智能化匹配属国内首创。

李如成：最近我们下了很大的功夫，特别是对整个生产流程进行了大规模的软件开发，生产的反应速度大幅提升。过去要3个星期，现在2天就可以。这款软件是我们自己做的，在全球处于领先的水平。

> **创新点睛**
>
> 今天的服装业，已经不是雅戈尔曾经熟悉的那个生态和江湖。距离真正意义上的场景化，可能还有相当长的一段距离。传统企业如果希望用智能制造的方式来改造升级，要清晰地知道究竟在哪个市场细分里去做，根据市场细分来设置恰当的互联网营销和智能制造的路径。否则，可能是有其名，有其表，而无其里。

引领新零售的智慧营销

陈姝婷：雅戈尔全面升级旗舰店，把旗舰店打造成为O2O的体验中心和VIP客户的服务中心，并且实现了时尚文化传播的理念。为什么要进行这样的创新呢？

李如成：我们在全国已经投了100多亿元在门店上，过去叫门店，现在我们叫平台。

现在传统的零售日子很难过。过去的卖场有点像仓库，堆得满满的，产品也大同小异。现在很多年轻人不太喜欢逛街，平时完全是有需要的时候才去消费，所以我们决定用创新的方式吸引消费者。

陈姝婷：是线上线下融合这样一个思路吗？

李如成：雅戈尔开始探索智慧营销。通过线下体验、线上营销、线下服务这样的融合，能够增强我们公司服务的能力。

陈姝婷：雅戈尔在线上销售的比重占总体销售的比重是多少？

李如成：现在不是很高，只有3%~4%。我们跟阿里巴巴有紧密的合作，有望能够提高到10%~20%的水平。下一步我们要打破线上线下的界限，实现一体化，这是我们转型的一个方向。

陈姝婷：如何布局新零售下的智慧营销？

李如成：我把它定为六个重点：①有好的产品；②有竞争力的成本；③有快速反应的体系；④有一个良好的体内的平台；⑤用3D打印、App销售、移动支付打破时空的概念；⑥提供优质的服务。

全员线上营销，董事长李如成朋友圈带货，副董事长李寒穷上镜首秀……雅戈尔在2020年做到了全员"微商"，每个员工都有一个单独的商城二维码，统计线上销售情况。每一件衣服都有轨迹可追溯，哪里有货、哪里发货方便、由谁生产、原料来自于哪里，后台都有数据。

布局新材料的生态科技

陈姝婷：如何发展生态科技？

李如成：关于生态科技，雅戈尔现在在做的一件大事就是新材料的创新。我们把大麻改良以后，研发出汉麻纤维，作为一种新材料，它既环保，又健康，穿上以后让人感觉很舒服，我自己的西服就是用汉麻纤维做的。

汉麻又名无毒大麻，我国是全球汉麻种植面积第二大的国家。汉麻的生长过程中只需少量的水和肥料，不需用任何农药，并可自然分解，所以说汉麻是环保的纺织原料。汉麻是韧度最高的纤维，有抑菌防臭、吸湿排汗等作用。我们创新研发汉麻的高附加值产品，未来的市场空间很具想象力。

经过10多年的投入，雅戈尔已建成了全球唯一的汉麻全产业链。历经汉麻脱毒改良、培育、纤维提取、纤维优化及应用等环节，雅戈尔自主研发出全套用于麻纤维提取和改良的设备，掌握了汉麻脱胶、蒸煮、漂洗、液氨整理和纤维分级梳理等核心技术。雅戈尔专门成立"汉麻世家"品牌作为下一个重点品牌。

陈姝婷：雅戈尔这是从源头开始全产业链运营？

李如成：雅戈尔从原料开始打造，从生产源做营销，这样真正增强雅戈尔的核心竞争力。另外，我们也在培育棉花，这方面也是弥补了中国的一个空白。

5年再造一个新的雅戈尔

近年来，雅戈尔构建了全年龄段、价格段的品牌体系。目前旗下共有YOUNGOR、MAYOR、Hart Schaffner Marx、HANP（汉麻世家）、YOUNGOR LADY五个子品牌，面向不同的消费群体。

陈姝婷：雅戈尔已经是一个家喻户晓的品牌了。未来，雅戈尔在品牌塑造方面有哪些创新的举措？

李如成：雅戈尔正在推广一些新的品牌，最近我们又推出一个雅戈尔的CEO品牌，提供量身定制服务，这两年我们请VIP来参与我们的订货，参与我们产品的开发，达到很好的效果，这些 VIP 也非常开心，他们认为得到了尊重。

陈姝婷：40 年来，雅戈尔一直引领着中国服装产业的发展，您怎样评价中国服装产业的发展现状，以及您对未来中国服装产业的发展有什么样的预期呢？它离国际的先进水平还有多大差距？

李如成：中国服装行业在制造方面已经达到了领先的水平。但是在品牌的运营跟推广，特别是一些新材料的应用方面跟世界先进水平还有一定的差距。但是随着经济进一步的发展，再经过 5~10 年的努力，中国的服装企业从追随型的企业、仿制型企业，肯定会变成创新型的企业，能够引领市场的消费。已经到这个时候了。

陈姝婷：那么服装业作为一个传统的行业，您认为未来在哪些方面是需要创新或者值得创新的？有哪些方面是可以不变的？

李如成：我认为有两个方面是永远不能变的，一个方面是品质，一个方面是服务。创新主要是服务的手段，服务的模式。另外，在材料方面我认为有很大的创新空间。

陈姝婷：雅戈尔未来的发展目标是什么？

李如成：中国的经济还是处于一个长期稳定的发展期，消费者的要求会更高，这个行业的空间还是非常大。我们想把生产制造打造出世界一流的水平，再给我们一些时间，我们可以走在世界前列。我们通过布局智慧营销和生态革命，把智能制造、智慧营销、生态科技联合起来，拥抱智能时代，做中国工业互联网先行者，只要用 3~5 年，我完全可以打造一个新的雅戈尔。

创新解决方案

秦朔　　　　　　　　　　　　　　　秦朔朋友圈发起人

随着本土文化自信的崛起，中国人在努力打造国际品牌，未来雅戈尔也会有机会。

通过智能化以及在全球收购很多的品牌来融入中国市场，这使得雅戈尔这样一个服装企业生生不息。在这种情况下，怎样去突围？我觉得雅戈尔要进一步地创新的话，其实最最重要的就是雅戈尔的核心价值主张，一定要把它拉到一个引领时尚的高度。

吴声　　　　　　　　　　　　　　　场景实验室创始人

雅戈尔应该成为国潮品牌，做新时代文化自信品牌的孵化器和加速者，也就是它要成就服装设计师，成就这一代有梦想、有实力的年轻人，去释放他们的创造力和想象力。有更好的年轻消费审美和时尚观念的设计师、创始人和从业者，凭借自己在服装制造方面的经验和能力，结合更加先进的技术，去孵化新的消费品牌。

何刚　　　　　　　　　　　　　　　《财经》杂志执行主编

对于雅戈尔我们可以给它一个定位，它应该成为全球中高端男装的第一生产者。不管你是哪个国家的，只要是想找中高端的男装生产者的时候，首先找雅戈尔。如果它能做到这个地步，就能立于不败之地。品牌可以不断地变化，但生产、工艺、面料、供应链，就能做到最好。

难能可贵的是，雅戈尔并没有在多元化中完全迷失自己。有一些同样是民营企业,基础行业做得很好,但在最后多元化扩充之后,金融杠杆放得太大,遇到系统性风险爆发的时候便万劫不复,连回到主业的机会都没有。我觉得雅戈尔最终及时回归主业,避免产业脱实向虚,就说明它的风控能力,调整能力,对于市场的反馈能力非常优秀。

雅戈尔的品质本身很好,尽管它的产品精耕细作,但是它没有出现一个销量达到千万级的爆款。适应服装行业新的生态和产业逻辑,杉杉和雅戈尔都有类似的机会。在轻奢流行这个领域里,中国会出现真正规模化的、全球化的服装企业。

创新就是改变

2019/11/17

创新精神是
企业发展的永恒
动力。

滕成立

第 10 章

一部中国家电业创新的教科书

李东生

> 我自己的理想,是希望跟上时代的发展变化,成为全球电子行业当中一股蓬勃的中国力量。
>
> ——李东生

创新者主持人手记

访谈李东生是在《哈佛商业评论》年会上。彼时正处 2019 年年末,大家都忙,总是对不上时间,最后约定在《哈佛商业评论》年会上进行访谈。李东生如约提前一小时来到会场,出现在贵宾室门口,节目组已经事先架好机位恭候。

在访谈之前,与《财经》杂志执行主编兼《哈佛商业评论》中文版主编何刚老师及李东生寒暄一小会儿。

在访谈中,李东生给我的总体印象是"暖"和"实干"。"暖"是李东生的儒雅让人如沐春风,"实干"是他拥有商人的那种干练和精明,提振了整场的气氛。

李东生在说自己"不是一个冒险家"时开怀大笑。

李东生身上有一股劲,可以看出是内生的一股劲,让他有如雄鹰般的雄心壮志,鹰一般锐利的眼光,鹰一般的忍耐力。聊到收购阿尔卡特和汤姆逊时,他也云淡风轻,说自己当时准备工作做得不够好,但反思后积累了很多经验,成就了如今一个真正全球化的 TCL。李东生说,他的心愿是要远超三星和 LG,做到全球彩电出货量第一。他是一位有情怀的"理工男"和爱国的企业家。

创新者画像

李东生，1957年7月出生，广东揭阳人。大学毕业就创业，坚守38年，从工程师成长为国际化企业的掌舵人，让一家磁带小厂变为电话大王，又从电话大王变为彩电巨人，实现了由地方小企业向中国消费电子领军企业的历史跨越……缔造这一奇迹的李东生，是一个始终向未知世界探寻的拓荒者，一个让中国企业走向全球的先行者，一个让TCL的旗帜飘扬在160多个国家的征服者，一个永远在时代潮头乘风破浪的创新者。李东生，让TCL成为一部主动变革赢得未来的教科书。

创新者绝招

创新就是做别人没有做的事情，寻找别人没有找到的机会

创新者论道

陈姝婷：有人评价您是位冒险家，您认为自己是吗？

李东生：其实我这个人还是挺务实、比较谨慎的，我不认为我是冒险家，我是一个实干家，我有坚韧和坚持的精神。

陈姝婷：您认为什么是创新？

李东生：创新就是要做别人还没有做的事情，要能够寻找别人没有找到的机会。

陈姝婷：也要承受别人不能承受的彷徨、煎熬。

李东生：对，我们这一代人还是有很强的家国情怀和对于事业的一种执着。我自己的理想，就是希望跟上时代发展的变化，成为全球电子行业当中蓬勃的中国力量。在彩电业务上，我们的规模已经做到全球第二位。

陈姝婷：对，2018年的时候就已经是了。

李东生：这是中国在大宗的消费品当中能够取得全球领先的一个产业，所以我们也非常自豪。

家电行业的大时代

李东生的彩电梦，李书福的汽车梦，董明珠的空调梦，王正华的蓝天梦……何为企业家？企业家就是能够让梦想生根发芽，得以实现，并释放出强大能量的人。

李东生是恢复高考后的第一批大学生。1982年，李东生从华南理工大学无线电专业毕业，被分配到家乡惠州科委，而不满足于当机关干部的他，辞职后以工程师的身份投身于TTK家庭电器公司。这是一家由惠州市政府和港商合资的小磁带厂，销售一度红火，李东生很快做到了车间副主任、主任。

此时的国内家电产业，几乎是一片空白。海尔初创于1984年，格力的创建是在1985年，长虹在1986年军转民，引进松下电视生产线，春兰是在1986年技改后进入家用空调领域。

1985年，TTK兴办了TCL通讯设备有限公司，开始生产电话机。作为引进这个项目的负责人，李东生被任命为该公司总经理。当时他28岁，毕业仅两年多，突破性地开发出国内首款无绳电话，奠定了TCL的品牌基础，一时间，TCL电话机占领了中国电话机市场的 60%。

在改革开放第二个十年间，国内企业加快了进入彩电领域的步伐。20 世纪 90 年代，国内电视机品牌遍地开花，像北京的牡丹牌、天津的北京牌、上海的金星牌、凯歌牌、飞跃牌、福建的福日牌、厦门的厦华牌、广东的 TCL 牌、创维牌、乐华牌。1992 年，当时还是 TCL 电子集团公司总经理的李东生，从国外的市场信息中得到启示，较发达国家消费者购买大屏幕彩电时，主要选择对象是 28 英寸以上的机型，李东生果敢做出决策，不失时机地向国内市场推出 TCL 王牌 28 英寸、29 英寸大屏幕彩电，一上市就备受消费者喜爱，在竞争残酷的彩电行业中异军突起。1993 年 A 股上市后大规模扩张，TCL 迅速进入彩电业三甲之列。1996 年底，李东生出任 TCL 集团公司董事长兼总裁。

陈姝婷：您所在的华南理工大学 78 级出现了三位影响中国彩电业的企业家，您的同窗黄宏生与陈伟荣先后创立了创维、康佳，你们三人都成了中国彩电行业的巨头。为什么你们几乎同时进入彩电行业？是因为当时这个行业比较容易成功吗？

李东生：其实回顾中国改革开放的历程，在 20 世纪 80 年代是短缺经济时代，有不少消费品都靠进口，特别是电子产品，国内市场能生产的很少。所以在 90 年代初，我们中国的很多企业就开始进入这个领域，能够生产出和日本品牌竞争的产品，我们都是学电子的，电视机在 20 世纪 90 年代又是家庭消费最重要的一个产品，市场份额占得很大，所以走的是同一条路，这有点巧合了。

陈姝婷：对，所谓一个行业一个生态，您是如何评价或者是总结你们这些年来的合作与交锋的？

李东生： 我觉得这个事儿要更加往前看，也有人离开了这个行业，到今天在市场上依然在一线打拼的恐怕非常少了。

中国家电业国际化创新的探索

20 世纪 90 年代，我国政府提出"走出去"战略，鼓励我国企业开拓国际市场，发展外向型经济，扩大对外投资和跨国经营，更好地参与经济全球化的竞争。

创新点睛

中国企业的国际化创新有两种选择：一种就是在当地设立自己的据点，从小做大，稳扎稳打，这种比较慢。一种是通过并购，拿到市场、渠道，很快就能够把市场打开，但需要高超的整合能力。

18 个月试出一个海外经营的盈亏平衡点

经过一轮轮激烈的洗牌，20 世纪 90 年代末，彩电行业形成了 TCL、海信、创维、长虹、康佳等五大头部品牌，而这一时期，国内市场竞争达到顶峰，价格战硝烟弥漫。如何去开拓海外市场，是中国整个彩电行业都在考虑的问题。

1999 年，和新希望刘永好差不多同年，TCL 打响全球化的第一战，地点同样选择的是越南，但和刘永好不同的是，李东生选择的是收购，TCL 收购了越南原有的一家彩电生产企业，在越南成立了第一家海外分公司。

陈姝婷： 为什么选择越南？

李东生：当时选越南就是考虑到越南的经济政治体制跟我国比较相像。另外，越南有一个华人经济圈，所以在那边开拓业务我们认为比较容易推广。那个时候越南市场也是短缺经济。但是，我们进入海外市场的初期挑战还是很大的，很多东西都要从头学。

陈姝婷：18个月就盈利，并且站稳了脚跟，为什么这么短的时间能够迅速盈利呢？

李东生：我们亏损了18个月，其实那18个月对我们来讲是非常非常煎熬。

陈姝婷：很煎熬。可以想象，当时对市场和政策的陌生、沟通的困难、开拓的艰难，而且更重要的是，不知道什么时候能盈利，之前没有参照的案例和模板。

李东生：对，因为当时公司很小，没有多少钱能够赔，赔不起啊。所以在这个过程当中，我记得我们还动摇过，是不是该收回来，因为每个月都赔钱，心里着急，后来我们内部讨论之后，大家都认为这一仗一定要打赢，如果这一次退回来了，那么我们的国际化就得要往后推很多年，所以坚定信心打下这一仗。这一仗打了18个月。

创新点睛

在当时，中国企业的出海就如同哥伦布远渡重洋，没有哪个中国企业家能心里有底。在没有任何先例和蓝本的情况下，亏损是企业国际化的必然开端，是中国企业必须付出的学费。然而，多长时间能达到盈亏平衡，第一个试的人不会知道。18个月的坚韧和坚守，试验出一个海外经营的盈亏平衡点，TCL为未来中国企业进一步的国际化创新提供了借鉴。

20 亿元买到的经验

进入 21 世纪，腰板逐渐硬起来的中国企业，掀起了一股全球并购的热潮。2004 年末，联想集团以 12.5 亿美元成功收购美国国际商用机器公司 IBM；2005 年，海尔实施全球化品牌战略；2010 年，吉利汽车在瑞典哥德堡正式签署收购沃尔沃汽车公司的协议……2004 年，李东生再次充当急先锋进军欧美，开始了一系列大手笔的操作，并购了法国汤姆逊公司电视业务和阿尔卡特移动电话业务，这两次蛇吞象的并购，树立了中国企业海外并购史上的又一大里程碑。

陈姝婷：您为什么认为当时的这种国际化战略就是正确的？

李东生：国际化战略是正确的，这一个判断倒是比较容易做出来。中国加入 WTO 之后，趋势就很明显了，我们中国要完全开放自己的产业和市场，同时利用 WTO 成员的地位，也可以比较方便地进入其他国家的市场。中国企业必须要把自己的业务尽快地国际化、全球化，才能应对国外企业对我们的进攻。如果别人用全球的市场资源来和你竞争的话，你是比较被动的，所以这个方向大家都认同。

陈姝婷：并购汤姆逊和阿尔卡特之后，为什么让 TCL 陷入一场空前的危机？

李东生：跨国并购，它的挑战就在于你怎么能够快速地建立全球化的管理能力，我们在前期的管理是有点失控的。并购当中又涉及一个文化的认同问题，我们确实很难融合美国的文化、欧洲的文化；在这个整合过程中又发生技术的快速转型。比如说电视机从显像管变成平板显示，手机从功能手机变成智能手机，这些变化都给我们的并购和整合带来了很多变数。

TCL 的创新历程，有鹰击长空，也有凤凰涅槃。TCL 走向全球的出海探索，有长风破浪，也有折戟沉沙。在踌躇满志的背后，这一次 TCL 要实现盈亏平衡，需要走多长的路呢？

2005 年、2006 年接连两年，TCL 的亏损都在 20 亿元左右，公司面临生死存亡！2007 年，TCL-汤姆逊电子有限公司申请破产清算，TCL A 股股票戴上了 ST 的帽子。

李东生再谈至暗时刻

陈姝婷：T-C-L，有人开玩笑说，就是太－苦－了！那段时光是您创业过程当中的至暗时刻吗？

李东生：是，那是我最困难的时候，因为企业真的是面临生死存亡的考验，那个坎儿过来了，以后面对其他的困难和挑战时心里就比较有底了。

陈姝婷：中国有句老话叫动心忍性，增益其所不能，TCL 能够坚持下去并迈过那个坎的原因是什么？

李东生：做企业一定会经历各种困难和挑战，所以在企业管理中有一个说法，没经历过九死一生的企业是没有竞争力的，这句话我很认同，你的企业在面临空前的忧患中，能够内生出更强的基因来面对一些新的挑战和困难。

李东生为长远的战略布局交了一笔昂贵的学费，这笔学费，也是为中国所有企业家交的。李东生的代价，让后面的中国企业走向全球化少付了更多的代价。李东生"舔着伤口"发表了反思文章《鹰的重生》："我自己也在深深反思，为什么我们——以变革创新见长的 TCL——在新一轮文化创新中裹足不前？为什么我们引以为荣的企业家精神和变革的勇气在文化创新活动中没有起到应有的作用？为什么我们对很多问题其实都已意识到，却没有勇敢地面对和改变，以至于今天我们集团面临很大的困难，以至于我们在不得已的情况下再次进行的改革给企业和员工造成的损害比当时进行改革更大。回顾这些，我深深感到我本人应该为此承担主要的责任。"

陈姝婷：为什么把 TCL 比喻为重生之鹰？

李东生：我们团队一起来讨论如何面对这种危机的时候，我觉得鹰的重生故事，有非常好的寓意，我们当时能够通过重塑自身的竞争力，经历一个痛苦的过程，来突破我们国际化发展的局限。如果没有当年的并购，就不可能有现在全球化的 TCL。

创新点睛

并购产生了现金流黑洞后，TCL 的应对策略如下：继续经营国内市场的传统业务，放下身段，继续做全球代工，以此推动现金流回流。TCL 之所以在这次大危机中能够渡过难关，最关键是因为还有扎实的国内市场和产能优势作后盾，公司暂时收起野心，推迟了品牌走向全球的时间表，靠隐忍积蓄力量。

从成本优势到核心技术靠创新获得"鹰的重生"

李东生的案例，也让中国的制造业陷入了整体的反思。制造业要解决两大关键问题：制造成本，核心技术。传统的中国企业，可以把制造成本和规模经济做到极致，然而，如果没有掌握核心技术，还是难以实现质的突破。中国企业从仰望者、跟随者到创新者、超越者,核心技术是绕不过去的门槛。靠之前的快速兼并,购买专利,形成产能规模,凭借"速度+规模"的优势,和"低成本制造+市场"的模式已经行不通了。在此之后,李东生的创新逻辑发生了根本性的变化——以突破核心技术为中心,以彩电全产业链为核心竞争力。

陈姝婷:2009年您做了一个非常大胆的决策,筹资250亿元建立了第一个8.5代工厂,后来又分期筹资1800亿元陆续建立了6个工厂。进入烧钱最快和设备折旧很快的液晶面板领域,是为什么?

李东生:是为了改变半导体显示领域的竞争格局。当时,我们电视机的核心部件——显示面板和芯片都要靠进口,我们决心要自己在这些核心基础部件上能够取得突破。韩国企业有这样的能力,他们的彩电业务在2000年之后发展得很快,就快速地赶上和超越了日本企业,所以核心基础部件是我们在彩电领域建立长远竞争力的基础,当时虽然有很大的困难,我们还是下决心启动了这个项目。现在看来,十年了,这个项目领域做得还是非常成功。半导体显示成为我们公司的核心业务,每年都能给公司带来利润和现金流。

中国是全球电子产品包括彩电的生产和消费大国,但"缺芯少屏"一直制约着电子产业的发展。上游的面板生产就是彩电最关键的核心技术。全球仅有三星、LG等极少数彩电企业拥有上游面板生产线,绝大多数彩电整机企业没有能力生产面板。TCL获得了上游核心技术优势,使其在彩电行业竞争中处于主动地位。无论遇到上游面板涨价还是降价,TCL电视都能从容应对。

陈姝婷:最近家电企业纷纷涉足芯片领域,那么TCL在这方面是如何布局的?

李东生：从两个维度来讲，芯片领域包括芯片的设计和芯片的制造。晶圆厂也像半导体显示一样投资巨大，所以这个领域我们暂时没有能力进入，但是芯片设计我们是能够进入的，最近在科创板上市的晶晨半导体，我们是第二大股东，现在这家公司在智能电视和相关视频芯片方面已经成为中国市场份额最大的企业。另外，在驱动芯片方面我们也投资了。在这些芯片领域，需要专门的技术人才和团队，所以我们更多的是采用投资参股的方式来建立这方面的能力。

创新点睛

创新推动变革转型，TCL 转型成为聚焦半导体显示及材料产业的高科技公司。高科技也意味着研发高投入、长周期、技术快速迭代。然而，行业门槛高，含金量才高，才适合"长跑"。如果说之前靠并购占领市场，是依靠爆发力的短跑赛道，那么走科技研发的道路，让 TCL 进入了长跑的赛道。

传统家电业创新转型的路径

从彩管时代到液晶时代，TCL 经历了一轮轮家电产业技术的变革、资本的变革、制度的变革、生态的变革，成为中国家电业发展的见证者。在市场生态不断被颠覆的当今时代，传统家电业的创新之路在何方？

国际化创新匹配自身的软硬件

陈姝婷：谈到传统家电业的创新之路，在国际化方面，TCL 最有发言权。TCL 作为中国民营企业国际化的领军者和先行者，对于中国民企走出去有何经验分享和建议呢？

李东生：首先要把自身的根基打扎实了。在中国的竞争力要能够夯实，你要有坚实的中国业务的基础，再来搞国际化是比较顺利的。其次，国际化要根据自身企业的情况找到最有胜算的地方。

陈姝婷：对企业自身来说，也需要注入国际化的基因。

李东生：对，当然，中国企业要成功地国际化，不可回避的一个问题就是你如何能够从一家中国企业变成一家全球化企业，这需要企业建立全新的能力，包括它的体系和它的团队。

陈姝婷：因为文化的差异，在国际化这条道路上还是有一些挑战的。在克服文化障碍这方面，TCL有哪些经验可以分享给民营企业呢？

李东生：当地文化是需要适应的、不可能改变的。你要适应当地的文化，还需要建立全球化的体系，支持你每一个地区业务的本地化，包括你的组织结构和团队的本地化。2018年，我们有一半的销售是来自海外的，我们在海外有工厂，也有很多销售机构，它们的共同特点都是以当地人为主。我们从中国派出去的员工一般占不到5%。在工厂，大概只占到1%~2%。

陈姝婷：中国企业国际化，在硬件上需要具备什么条件？

李东生：整个系统要能够支持你的全球化业务。以往我们刚刚开始的时候，信息的流动传导都比较慢，现在我们建立了一个全球的信息网络系统，所以财务的数据、销售的数据、供应链的数据，总部都能够实时看到，让整个产业链的效率得到提高。

创新点睛

企业国际化的经验总结：①夯实中国的业务基础。②根据自身情况，选择国际化的方式和领域。③在内部管理和文化体系建设上，注入国际化的基因，实现本地化。④在硬件配套上，要建立全球的信息网络系统。

2019年是TCL国际化战略20周年，也是TCL发展的分水岭，TCL反超LG荣登全球第二，销量与口碑齐飞。2018年，传统的液晶显示面板销量已经从发展初期的井喷进入成熟期的萧条，在经济下行、竞争压力加大的情况下，TCL在海外仍然能取得令人瞩目的成就，这得益于TCL读懂了海外市场以及他们推行正确的"走出去"方法。

数字化的转型搭建全球的供应链和业务管理体系

陈姝婷： 对于传统家电业创新，您提出了第二剂药方，就是数字化的转型。

李东生： 我们是一家制造企业，这种转型首先是企业要从自动化转型到智能化，建立数字化工厂和数字化的、高效的、全球的供应链和业务管理体系。现在，我国整个劳动力和人力的成本都在上升，所以提高劳动生产率是所有企业应对竞争必须要解决的问题。另外，针对全球业务，整个供应链的效率，对市场的反应速度，这些都需要更强大的数据网络去支持。快速发展的大数据、云计算技术，使我们摆脱以往靠经验、靠人的分析来做决策的境地，现在可以通过大数据系统来支持我们的管理团队做出相应的业务决策，这样的转型对于企业的竞争力提高非常有意义。

陈姝婷： TCL 是如何做数字化转型的？

李东生： 从我们自身来讲，更多的是在应用软件、中间件方面，我们自己做开发，目前电视行业的整个趋势是从原来的单纯的硬件产品变成智能化产品。原来单纯卖产品，现在必须要有相应的智能互联网应用服务的支持，所以这几年整个企业也是按照"双+"（智能+互联网，产品+服务）的转型战略来提升我们的能力，这个转型还在推进当中。

2014年，李东生提出了智能+互联网、产品+服务的"双+"转型战略，定位为全球化的智能产品制造及互联网应用的企业集团，从电视制造商向智能终端提供商和应用服务平台转变，产业从个人、家庭的消费产品，向商用系统产品延伸，搭建了三个服务平台，包括了互联网应用服务本部、金融控股集团、销售物流和用户服务。

如今，随着5G和AI时代的到来，在从移动互联网到物联网时代的变革当中，产品的创新能力，无边界的共赢合作，汇聚全球顶级IP的品牌营销矩阵，正在为TCL注入新的动力。TCL正在谋求成为全球融合连接智慧生活的提供者与引领者。

数字化的转型也在赋能TCL的传统制造业务。TCL建立的全球的信息网络系统，包括财务数据、销售数据、供应链数据，总部都能够实时看得到，通过建立数字化工厂和全球的供应链管理体系，带来公司效率和市场反应速度的极大提升，扫清了TCL的国际化布局的障碍，使得TCL的国际化步伐明显加快。目前，TCL的业务范围已经遍及160多个国家和地区，在海外建立了5个研发中心、8个生产基地，在80多个国家和地区设立销售机构，彩电销量荣登全球第二，产品销售的收入 58% 来自海外。

技术创新做 5~10 年的战略规划

陈姝婷：过去，技术创新是中国企业的短板，中国企业的技术创新的路径应该是什么样的？

李东生：从中国企业的发展历程来看，我们和日本、韩国的工业发展的国际化的进程是类似的。从简单的制造加工开始，然后逐步地进入自创品牌，建立自己的创新能力。产品的结构也有相应的调整，从低端产品开始，现在更多的是中高端产品，这当中最重要的支持动力就是企业技术能力的提高。

陈姝婷：中国企业该如何做技术创新？TCL 是如何做技术创新的？

李东生：如果我们从一个更长远的时间轴来看，作为工业企业，我们不但要看到当下和未来三年我们的产品、技术、战略，扎扎实实把它们做好。同时，我们要看更长远的技术战略规划。TCL 的经营战略，我们做的是 5 年的，因为一些核心的基础技术，从这个技术开始研究，到它实际的工业应用、商业化，这个周期有些要 5 年、8 年，甚至 10 年。

陈姝婷："风物长宜放眼量"，技术创新应该有一个长远的战略规划。

李东生：是的，为什么在相当长时间的竞争中，中国企业在技术能力特别是一些核心技术和专利能力方面落后于欧美日？很重要的一点就是我们在技术核心、技术能力方面的投入是不够的。另外，从全球经济格局重构这个角度来看，中国企业必须要这样走才有未来,中国经济的发展,使我们整个经济体系的技术成本也发生了变化。

陈姝婷:如果还停留在代工厂阶段,我们只能处于微笑曲线的最末端,在全球的分工中只能分到一点点羹。

李东生:所以我们必须要让我们的产品结构也相应地变化,我们的业务需要更多的价值创造。印度、东南亚的很多国家,还有巴西,也在快速兴起,他们一定会取代或正在取代中国的一些劳动密集型产业。比如说我们看到最早从中国转移出去的就是制衣、制鞋,是吧?现在电子装配业也在向国外转移。像印度这样的大国销售产品的话,它的成品进口税是比较高的,所以必须要在当地建工厂。另外,当地工厂要有技术的开发能力和供应链客户服务能力,这样你的业务才能做大。所以这个转型,提升技术能力是中国企业建立全球竞争力的一个重要的基础。

陈姝婷:对于TCL来讲,您认为未来TCL创新最大的难题或者障碍是什么?TCL应该如何应对?

李东生:从企业管理上来讲,没有什么是不可逾越的障碍,关键就是企业在整个创新发展过程中要尽量往前赶。到今天为止,对比欧美的领先企业,我们依然是一个追赶者,但是这个差距已经在缩小了。在一些领域我们已经能够和他们并跑,未来我们要更多地赶上和超越,就需要在技术开发方面投入更多的资源。

陈姝婷:中国也正在掀起一轮科技创新的高潮,自主创新的高潮。

李东生:这几年中国企业能力提升是非常快的,我们看到中国的国际发明专利申请量在快速地上升,现在全球PCT专利申请量中国是排在第二位,我讲的是当年的专利申请量。但是累计的量我们与领先国家相比依然有很大的差距。再有 5 年、10 年，在一部分领域中国企业就有可能赶上和超越。

陈姝婷：未来十年 TCL 的战略是什么？

李东生：我们在电视机领域的目标是要成为全球第一，目前从出货量来讲，我们落后于三星。从品牌销售来讲，我们还落后于 LG。未来十年这个时间轴，我们一定要在智能电视领域做到全球第一。在其他产品领域，我们也是按照全球领先这一个目标来努力。

直到今天，和李东生同窗的昔日彩电巨头黄宏生、陈伟荣都已退居二线，而他还坚守在制造业的前线，坚守着他的实业报国梦。作为中国改革开放后崛起的第一代企业家，几十年来，李东生用一次次的创新带领集团取得一次次的蜕变，为中国企业的全球化奠定了基础。期待下一个十年，国产品牌 TCL，能够成为智能电视领域里的全球第一。

创新解决方案

张军   复旦大学经济学院院长

李东生先生其实一直有这样一个梦想，就是把中国企业真正做成全球的企业，他知道怎样用外力。

TCL 在国际上有很高的知名度，给我印象最深的就是它几乎不是一个中国的品牌，它的基因就是全球公司的基因。李东生先生从骨子里希望从一开始 TCL 这家公司成为全球公司。电子行业的核心技术是个制高点。

王高　　　　　　　　　　中欧国际工商学院市场营销学教授

高瞻远瞩，砥砺前行。起步都是模仿式的创新，到一定阶段必须要引领风骚才可以。

TCL 数字化有两个部分：一部分是对 C 端的，另外一部分就是它内部的数字化。制造行业比较难承受的一类风险就是库存，现在它可以抓到 C 端的很多数据，它也能够判断产品的销售情况，据此来组织安排生产，这样就可以控制库存。通过数字化，可以降低成本，降低库存，加快周转，提高效率。

张春蔚　　　　　　　　　　　　　　央视财经评论员

中国有句老话叫动心忍性，增益其所不能，希望 TCL 能够忍住那些浮躁的东西，走出一个更好的未来。

这一次的数字化是传统家电企业跨界的一个重要改变，现在的技术越来越融合，数字时代带给我们很多的挑战，但更重要的是，如果你没有加入可能就落后了。对于 TCL 而言，未来的家电行业什么样，未来我的对手是谁，其实都在此刻的投资当中。

第 11 章

民营航空蓝天梦的蓝海创新

> 把低成本管理渗入每一个细节,但是在员工工资和安全上不搞低成本。
>
> ——王正华

创新者主持人手记

访谈王正华是在上海虹桥机场附近的春秋大楼总部,这是一栋有着30年历史的办公楼,春秋航空几十年一直在这栋旧楼里办公,从未装修过。王正华开心地说,从来没有觉得旧。他带我看了旁边的一片空地,这是政府多年前批给春秋航空的,春秋航空却一直没有启用,直到近几年,公司业务拓展,旧楼不够用了,才开始建新的总部大楼。

王正华是我见过的最会省钱的企业家,超乎想象地节约。他要求办公室和大楼的灯不能全开,只能开两三个灯。访谈之前就听说,他穿的一条裤子已有20年"高龄",打满补丁也不舍得丢弃。这次见到王正华本人,果然发现他还穿着那套旧西装。他说:"低成本是民营航空的唯一出路。"

王总带我参观机长和空姐的候飞休息室,春秋团队给我的印象是阳光、朴素而细致。

王总爱好打太极拳,听春秋航空的空姐说,王总曾动员全体员工一起学习打太极拳,强身健体。

他有着上海商人的精明与实干,作为企业家,他把"精打细算"做到极致。难以想象,春球航空的飞机总控室"缩"在旧楼一个狭小的空间里,他自豪地说,我们在最简陋的地方,达到比任何豪华的总控室更高的标准和更好的效果。

王正华对于春秋航空的智能化和科技化的创新有着深入的思考,参观春秋航空的用户大数据管理系统时,春秋航空日活5000万的庞大私域流量让我惊讶。

子承父业，风格如出一辙。在参观春秋总部时，恰遇王总的儿子董事长王煜、总经理王志杰，同王正华在同一间不大的办公室里办公。

王正华对于子女的节俭教育也非同一般，儿子去美国留学，他只给了一半的生活费，其余的要求儿子勤工俭学自己挣。王煜给人的印象是诚恳，朴素而务实，风格与王正华如出一辙。谈到企业交班问题，王正华回答："基本满意，超出期望值。"

访谈时王正华提到，中国航空业和国外相比还是有很大的差距，他的目标是让春秋航空走向世界，成为全球第一。

创新者画像

王正华，1944年出生于上海，春秋航空创始人。30年前，从一个两平方米的铁皮亭子起家，他把春秋航空做成拥有大型客机100余架、员工超过1万名的民营航空公司第一名。

他是中国低成本航空、低价航空第一人，以朴素惠民的价格实现每一个中国人的蓝天梦。更为重要的是，他成就了一家在一个垄断行业中诞生，并在夹缝中获得生存奇迹的民营企业，王正华注定是中国民用航空史上最重要的一位创新者。

创新者绝招

一半靠赚，一半靠省。

创新者论道

2018年5月14日，重庆飞往拉萨的3U8633航班在万米高空中正常飞行，突然间，驾驶舱右侧的前挡风玻璃爆裂。机长刘传健直面强风、低温、座舱释压的多重考验，靠着坚强的意志力和过硬的技术，历时34分钟成功迫降，创造了航空史上的奇迹。在国内热映的电影《中国机长》就是根据这次事件改编的。

陈姝婷：《中国机长》中的这个事件，春秋航空有没有出现过类似的情况？

王正华：这个情况不好出现，它是非常特殊的情况，你看这个挡风玻璃，它有三层，我想可能是碰到一个什么撞击。

陈姝婷：遇到这种情况一般会怎么样？

王正华：一般来说这种飞机飞不回来了，因为人一旦暴露在外面，要承受零下40摄氏度甚至零下50摄氏度的低温，空气又非常稀薄，当时在场的地面指挥人员都认为飞回来是无望的，结果这位英勇的机长创造了奇迹。第一，他的安全观念非常强，飞行前的准备工作做得非常充分。第二，他的技术非常好，在非常特殊的情况下都能处理得非常娴熟。第三，他的身体素质也好，穿了很薄的衣服，零下四五十度要能够耐得住。

陈姝婷：春秋航空对机长的要求是什么？

王正华：机长要提前1小时15分钟到飞机上做准备，要非常细致，但是不管你怎么做，还是会遇到很多很特殊的情况，就像《中国机长》中的那样，是吧？

《中国机长》是实景拍摄，影片的热映，拉近了普通旅客与机组之间的距离，让更多的人了解民用航空、支持民用航空，熟悉了蓝天梦背后的故事。而被大众所熟知的低成本航空公司春秋航空，是如何实现蓝天梦，又是如何以惠民的低价让每一个老百姓实现蓝天梦的呢？

蓝天梦的探索与创新

20世纪80年代初，正在上海长宁区遵义街道党工委工作的王正华,预感到中国的社会经济将会发生大的变化。为此,他下海了,一连创办了五家企业:汽车修理厂,在1982年组装出了第一辆车;客运公司,拥有40台大巴车,在上海、扬州两地奔驰;出租车公司,这是一家上海最早出现的出租车企业;另外还有一家货运公司和一家旅行社。

陈姝婷: 我很好奇,自己组装出第一辆汽车的那家公司,后来如何了?您为什么没有成为又一个李书福?

王正华: 我和区里说希望把这个汽车厂留给我,但是区里最后决定让我去做旅行社。旅行社当时在人们的观念中只出现在资产阶级的生活中,首先是对这个行业就非常排斥,所以都觉得这个很难做,做不起来,所以旅行社是五家企业里业绩最差的一家。

陈姝婷: 后来,您就在上海中山公园里安置了一个小铁皮屋,把春秋旅行社做了起来?

王正华: 辞职以后的第九年,我已经把春秋旅行社做成了国内旅游第一的旅行社。而原来那四家做得非常好的企业,基本上都失败了。

陈姝婷: 当时并不被看好的一个领域被您做得这么成功,原因是什么?

王正华: 也谈不上成功,我们做成的都是一些小事。你看我有100架飞机,但世界上的巨头有上千架飞机。只是我们在国内来说,稍微领先了一点。

陈姝婷: 一开始是针对企业客户吗,还是散客?

王正华: 瞄准散客,把散客组成团。

陈姝婷：其他旅行社都是找团体客人，你们为什么做散客？你们做散客在国内应该是做得最早的，对吗？

王正华：我们是最早的，我从1981年左右就开始做散客，大家当时都觉得不可思议。为什么呢？做团队风险小，一个团队找到了，在吃、住、行、游的成本上加10%的价格就稳赚钱。做散客有风险，比如一辆40个座位的汽车，要有二十七八个游客我才能赚钱，如果低于这个人数就亏钱，所以我的第一车游客到苏州，第二车游客到无锡，都是亏钱的，因为没有那么多游客。但是我还是认定这个目标。

陈姝婷：认定了这个是方向，是趋势，对吗？

王正华：对。20世纪80年代刚刚从"地主、资产阶级生活方式"变成人民大众的需要，旅游是顺应了百姓的需求，正是风生水起的时候。比如我们在1988年、1989年服务到北京旅游的客人，在秋季，去北京的客人每天能达到2000人。

春去秋来，岁月如梭。在成立的第九个年头，也就是1993年，春秋旅行社获得上海国内旅游市场份额第一。那时候，因为业务量庞大，全部是人工操作，非常容易出错。春秋旅行社自主开发了网络平台，率先尝试信息化管理，在每个网点安装电脑，实现全国联网、全国统一出票、统一财务结算，完成营业网点的全国布局。

陈姝婷：那个时候你们在线下的门店有多少家？

王正华：线下门店最多的时候，大概是4000家。上海有五六十家。

陈姝婷：接下来，春秋旅行社推出包机举措也是一个创新。

王正华：我们旅行社曾经也包过船，包过火车，后来选择重点包飞机。包机有风险，风险还非常大，一条航线可能有上千万元的风险，大家都不看好，但我就很看好，所以我从1997年开始包飞机，一条航线一条航线地包，从中获得我应该有的规模效益。

陈姝婷： 包机是一种什么样的运营模式？

王正华： 比如有一次，我组织昆山一个村里500人到海南去旅游，用的是东航、上航的飞机。他们的飞机晚上8点以后飞回来，就没什么事了，我就在晚上8点以后用飞机，把它包下来，租给这500人。我们签了协议，分三四个航班把他们全部送过去，价钱比航空公司要便宜得多。我从中也获得了利益和经验的积累。

陈姝婷： 所以是多赢的，充分利用闲置资源，这的确大开脑洞。

王正华： 包了飞机之后，我每个季度都会写一份报告给民航总局，抓住一两个故事，写得非常生动。民航总局运输司的一位司长看到我的报告后，专门写了好长一段赞扬我们的话，说民航要研究春秋旅行社现象。后来好多人都知道中国有一个春秋旅行社做包机，借力航空业做得非常好。

陈姝婷： 机会总留给有准备的人。所以您在给民航局提交你们的一些实践经验报告的时候，说明您早已经想进入航空领域了。

王正华： 是的。全世界尤其是发达国家，航空公司基本是私营的。

陈姝婷： 那您考察过那些航空公司吗？

王正华： 我在2004年左右就开始考察了，我走遍了五大洲的各大航空公司。举一个很有趣的例子，我想到美国运通去取经，它是世界旅行社的老大，利润有28亿美元，而一般的旅行社有几千万美元都算很好了。我说我要去拜访他，别人和我说不可能的，国内的一些大社去拜访他们，他们都是爱理不理的，他们不会接待你的。后来我写了一封信给运通说，你们想了解中国市场吗？想了解中国市场可以联系我。结果我过去后他们隆重接待。所以做什么事,一定要想明白你的优势是什么,对方需要什么。

2004年,春秋航空、鹰联航空、奥凯航空成为第一批获批建立的民营航空公司。2005年7月18日,机尾上画有"3S"标记的春秋航空A320—214型客机从上海虹桥国际机场起飞冲上云霄,飞向碧蓝的天空。王正华的蓝天梦终于实现了,而当时,王正华已年近花甲。

> **创新点睛**
>
> 企业在公关方面,也要有一些创新的思维和方式,不能太循规蹈矩。从春秋航空的成功案例来看,企业想要达到自己的目的,首先要考虑能帮你实现这个目的的机构他们需要什么。只有顺应了对方的需要,才更容易实现自己的目的。春秋航空之所以能以航空速度成立航空公司,因为前面已经包了30000航次飞机,做了十年的铺垫。

创新的左翼——成本控制

如果仅仅从生意的角度来看,航空业毛利率低、重资产、负债率高、自由现金流少,行业竞争激烈,而且不确定因素特别多。经济下滑、货币贬值、油价大涨、空难事件等因素,都会影响到航空公司的利润,让整个行业步履维艰。与春秋航空同一时间获批成立的两家民营航空,都已经折戟沉沙。鹰联航空将控股权出让给国有航空公司;奥凯航空由于股东纠纷曾被勒令停航,后来也将股份转让给物流公司大田集团。巴菲特曾在投资航空股失败后说:"你想成为百万富翁吗?很简单,你先成为亿万富翁,然后去投资航空股,你就会变成百万富翁了。"

为什么春秋航空能在航空业这一有限的空间里获得丰厚利润，腾挪自如，展翅翱翔？因为它拥有创新的两翼——左翼是成本创新，右翼是科技创新。

陈姝婷：在旅游业做出成绩之后，春秋如何迈开创新的大步，创造民营航空的生存奇迹呢？

王正华：一开始，韩亚航空的一位总裁和我说，王总，你搞航空，准备了多少钱？我说我大概有五个亿吧，他说，五个亿怎么行啊？后面加个零才行。我们韩亚航空在韩国被大韩航空压着，从1978年开始，一直到1987年才打成平手，生存下来，亏了三四十个亿。你知道你周围有多少对手吗？家门口有东航、上航，南面有厦航、深航、南航，北面有山航，你没有50个亿，你想成功？

陈姝婷：听起来确实是在夹缝中求生存。

王正华：实际我是有充分准备的，我们在2005年起飞，2006年的第一个完整年就实现了盈利。人家不相信，说你们别吹牛，不可能的。后来我向政府交了1000多万元的税，才让他们心服口服。

廉价航空模式的探索和创新

陈姝婷：大家都知道，民航业的利润实际上是非常薄的，为什么春秋航空能够在成立一年之后就盈利？

王正华：以前，所有乘坐飞机的人，需要持有县团级的证明才行，后来你只要有钱都可以乘飞机。那么每个人出门一定是希望路费便宜一点，对吧？所以我第一个就是学习了美国西南航空公司。

美国西南航空公司是全球第一家低成本航空公司，于1971年设立，是航空运输业低成本革命的开拓者。从1973年至今，美国西南航空公司连续40多年盈利，成为全球民航业中持续盈利时间最长的公司。2004年初，王正华开始向美国西南航空公司取经，坚持降低成本战略，不断降低票价。

陈姝婷：对美国西南航空公司低成本模式进行效仿之后，还做了哪些因地制宜的创新呢？

王正华：世界航空业的公司按运营形式大概分为四种：第一种形式是我最早接触的，就是旅游包机航空公司，这种形式有很大的弊病，旺季的时候它的飞机班次多得不得了，但到冬天（淡季）就不行了。冬天要把三分之二的飞机运到非洲的沙漠里去埋起来。

陈姝婷：为什么要埋起来？

王正华：冬天度假的客人少了，飞机全趴在那里要耗油，然后到最干旱的地方，把飞机用沙子埋起来，可以对飞机的保养等各方面都有好处。第二种类型就是传统航空公司，就是现在大部分的航空公司。第三种类型就是支线航空公司，就是小飞机，四五十个座，二三十个座，在小城市间飞来飞去。我们选择的是第四种类型低价航空公司，即同美国西南航空的模式一样，价格有优势，成本足够低。

陈姝婷：如何降低成本呢？

王正华：降低成本当然有很多种办法，第一，我们现在的飞机座位数比较多，一架空客320个，别人的大概是150多个座位，我的是180个座位。我把头等舱去掉。第二，提高客座率，我们包机旅游的时候做到客座率99%，做商务客以后也要求做到95%。然后就是减少一些非必要的服务，包括飞机上装多少水，都是必须要认真去计算的。如果飞行两个小时，就要把机舱里的水减掉一半。在飞行过程中间带多少油、备用的油都要精打细算。

陈姝婷： 定位不一样，匹配的资源也不一样。

陈姝婷： 你们在跟美国西南航空公司模式对标的时候，发现也有一些水土不服的地方，对吗？你们在管理上面应该有一些自己的创新，对吧？

王正华： 必需的。后来实际上就是叫黑名单了，当时我就提出一个暂无能力服务旅客名单。

陈姝婷： 梳理这个名单是你们第一个做的，也是一种创新，一种变通。因为也是试水，那几年非常难熬，有没有想要放弃这项举措？

王正华： 我始终不动摇。当然，你的内心还是要爱护、尊敬、服务好你的客人，客人提出的正当要求你要去沟通，不正当的你要解释好。

陈姝婷： 在飞机上卖东西，也是春秋航空的一个创新吧？

王正华： 这个叫机上购物，在飞机上卖一些旅客想要的东西，可以弥补我的成本，在安全的前提下，完成我的销售任务。当然我们也会压缩时间，卖东西的时间要控制在3~5分钟，这样就是要兼顾解决各种矛盾。

陈姝婷： 你们从民营航空企业中脱颖而出，就是坚持你们自己的定位，低成本的廉价航空。您认为这是民营航空的唯一出路吗？

王正华： 不是，是全行业。

陈姝婷： 全行业的唯一出路？

王正华： 在四小时以内的航程，欧美航空公司全部是用这个办法。

三四个小时干吗一定要在飞机上吃饭？干吗一定要像坐在沙发上一样？不是说只有民营公司采用这个模式，大公司南航就公开向媒体说，将来在一些中短程航线上也要走低成本的路。所以低成本的操作模式，大公司都会学习。当然，会不会有些人还是要比较好的享受？所以我又设立了商务经济座。

陈姝婷：便宜的商务仓？

王正华：就是仍然是经济座，但是空间大一点，前面两排空间比后面要大三厘米。

陈姝婷：这也是你们独创的吗？

王正华：也是我们首创的，有些人还是希望体验稍微好一点。

把节俭注入文化基因

2015年1月21日，春秋航空登陆A股市场，当天的市值突破500亿元，王正华的个人财富也突破了120亿元，跻身百亿富豪榜。然而，王正华也被人称为"最抠门"的富豪。

陈姝婷：2015年春秋航空上市之后，您跻身百亿富豪榜，那您的个人生活有变化吗？

王正华：应该没有什么变化，我不需要变化，吃饱穿暖就可以了，你看我这套西装穿了二十几年。

陈姝婷：穿了二十几年了？还很新。

王正华：还可以，对吧？补丁有很多。

陈姝婷：您舍不得扔吗？

王正华：因为整个西装的面料还是可以的，无非是坐的地方，还有像膝盖这种地方容易破，你看全是补的。

陈姝婷：您一如既往地保持着朴素的风格，也成为员工。

王正华：对，就像我的老母亲跟我说的，钱一半是赚来的，一半是省出来的。降成本的办法有千千万万个，但是有第一条就是作为公司的主要领导，你要带头去降成本。讲得严格一点，是拼命降成本。

陈姝婷：我刚才观察到你们大楼过道的灯都是省电模式。

王正华：对。你看我们大楼，在这里办公的也要1000余人，地方很小。空中指挥室指挥将近100架飞机，也就五六十平方米，太小太小了。你们看《中国机长》电影里，200平方米、300平方米都不算大。但是没办法，我们也是挑了一间最大的房子给他们，他们也非常理解，愿意跟公司一起克服困难。

陈姝婷：其实我发现春秋航空有很多老员工，人才济济。在吸引人才方面有什么样的举措呢？

王正华：当然有。首先，你要提供比较好的收入，实际上跟了我将近30年的老员工，基本上都是亿万富翁。第二，我非常倡导奉献精神，要有信仰，实现自己的人生目标。

创新点睛

春秋航空在成本控制上的创新，首先是董事长以身作则，把节省的文化注入企业的DNA，再通过各项制度的约束，把低成本管理发挥到极致。春秋航空的低成本模式概括起来就是六个字：两高、两低和两单。两高就是高客座率、高飞机日利用率。两低就是低营销费用、低管理费用。两单就是单一机型、单一仓位模式。与行业平均水平相比，春秋航空的经营成本、管理成本、财务成本、营销成本都低了50%甚至更多。低成本保证了春秋航空在机票价格上的竞争力优势。

差异化的创新

陈姝婷： 春秋航空跟国内的国有航空公司比，比如东航、国航，会有什么样的差异化？

王正华： 一个是我刚才提到的，成本的差异化，定位的差异化。另一个，在产品方面也要做差异化。我们目前会选一些旅游和商务客并存的航线。

陈姝婷： 怎样理解这种差异化？

王正华： 因为我们有旅行社，有航空公司，别的航空公司没有旅行社，别的旅行社没有航空公司。

陈姝婷： 这是春秋航空的优势。

创新点睛

春秋集团有旅行社和航空两大业务板块，这种模式在中国乃至全球都是少见的，新颖的。因为有旅行社，所以在获客和渠道方面不需要外部机构，减少了中间环节的利益分配。同时，可以把旅游用户的流量带到航空领域，把流量跨界做到极致。机票让利，可以在旅游业务上获得更高的收益，反哺航空业务。两大业务板块的组合，形成更加灵活的盈利模式。

创新的右翼——科技创新

陈姝婷： 在航空业，春秋航空在科技创新方面做了哪些布局？

王正华： 在旅行社中运用 IT 技术，我们可以说是最早的，20 世纪 80 年代末 90 年代初，我们在全中国有 4000 个网络代理，全中国没有第二家。互联网兴起了以后，我们的主要力量又转到了航空业，航空的订票系统、离港系统等所有的系统，全部是我们自己做的。

陈姝婷：为什么要自己做IT？

王正华：我们一直有这样一个观点，航空公司也好，旅游公司也好，它首先是家IT公司，只有IT走在前面了，我们的航空业务、旅游业务才会有明天。

十多年前，春秋旅游对全国4000多家旅行社进行联网，成为全国第一大旅行社。之后，率先自主开发了运行管理系统、维修管理系统、销售系统等一系列拥有自主知识产权的IT系统，在全国率先实行机票网上直销。春秋航空设计的航班离港系统，仅此一项，每年可节约几千万元到上亿元的成本。

王正华：在航空公司成立的那一年，就开始设计离港系统。设计离港系统是非常难的，东航、南航、国航都想自己设计，可是都没成功。最后春秋航空做成了。

陈姝婷：所以你们是最早做信息化管理的，未来会加大投入吗？

王正华：一定会，包括将来的5G。5G给我们一个高带宽、低延迟的环境，应用的响应会更实时，比如说在机场里，按照固定的轨迹行进的车辆，都可以通过无人驾驶来指引。还有人工智能，我们现在也作为一个专门课题，就是研究怎样在航空中运用人工智能。

陈姝婷：春秋航空在智能化应用方面有哪些场景？

王正华：我们在虹桥机场买票、值机全部是自助的，托运行李也可以不需要人，安检也可以不需要人，只要凭乘客的脸部识别就可以一路走过去。在中国又是我们比较早实现的。虹桥机场应该是目前全国唯一的一个全自助流程的机场。

2018年10月,由春秋航空联合虹桥机场研发的上海虹桥机场T1航站楼全自助服务系统上线,提供包括"自助值机-自助托运-自助验证-自助登机"在内的一站式、全自助智能化服务,春秋航空成为国内首家使用智能化机场自助服务的航空公司。

2017年,王正华把春秋航空交给了大儿子王煜之后,仍然不忘教导儿子一定要继续将节俭的作风保持下去。在传递艰苦奋斗基因的同时,也传递给王煜创新的基因。春秋航空作为一家民营公司,一定要走与别人不同的道路,作为生于忧患中的草根公司,伴生而来的勤俭意识,差异化的创新意识,早已融入公司的血液当中。

陈姝婷:目前民营企业的传承一直是一个非常热点的话题,小王总现在已经接棒管理企业,您对他目前的表现满意吗?

王正华:相当满意。一开始的时候,我给他撂下两句话,第一句,你可以发展得慢一点,你只要有3%~5%我就满意了。

陈姝婷:每年增长3%~5%,平稳一点。

王正华:结果他每年都超过15%,连续两三年。

陈姝婷:超出您的预期。

王正华:超出我的预期。我退下来的时候,和我一起干的那些元老一下子退下来了二三十个人,各个部门的主要领导几乎全退下来了,但是退下来不准不做事,职务下来,岗位不下,我都让他们顶着人力资源部顾问总经理的头衔,那么就相当于有一个总经理当家,对吧?所以我们这个传承非常平稳。

陈姝婷:看来这个传承的管理架构也是您精心设计过的。未来消费升级是一种趋势,越来越多的品牌开始关注90后、00后的消费人群，在这个人群未来占主流消费市场的情况下，春秋航空的廉价模式能够延续吗？还是会做相应的调整或者改变？

王正华： 应该会微调，不会有大改变的。对于90后、00后而言，省钱也是个永恒的主题。很多年轻人挣的钱不多，但雄心勃勃，想要周游世界，那怎么办呢？找春秋航空，对吧？我可以让他们少花钱就能走得很远。中产阶级一样要省钱，他带着他的父母，子女一家五六个人出去，难道不想省钱吗？想省钱，找春秋。

创新解决方案

张春蔚　　　　　　　　　　　　　　　　央视财经评论员

跨界的实力大佬最终有了飞翔的翅膀！春秋航空能够书写自己在航空业的春秋，核心就在于它有一批特别坚持的核心用户能够陪着它一直走下去。它所坚持的廉价航空的领域，让我们看到中国经营者持续不断的探索。春秋航空是中国民航业走出去的一个样本，能够有这么一个案例和样本，起码让我们后面的路走得更稳健。

王高　　　　　　　　　　　中欧国际工商学院市场营销学教授

目标笃定，持之以恒。春秋这些年有一个很大的沉淀，就是客户群，这个客户群可能还有多次消费，相对黏性比较高。在这个基础上可以去做延展，类似于阿里巴巴、京东。春秋航空的App有5000万的日活，这是春秋航空的私域流量，它还可以和更多的平台产生交集，这样能够把用户沉淀的更多能量给激发出来。

第11章
民营航空蓝天梦的蓝海创新　**王正华**

张军　　　　　　　　　　　复旦大学经济学院院长

我觉得王总是一个非常优秀的创新者，因为它能够看到航空业的机会。

尽管中国国内的市场足够大，但是中国航空业最后还是要走国际化的道路，我们航空业在国际上的形象，我觉得还是要有一些积累和提升。春秋作为一家民营的航空公司，它积累的形象从某种意义上来讲，兴许会改变大家对中国航空业的一个基本的看法。

只有创新才是企业发展的持续动力！

王瑀

2019.8.21

创造者生
求变者存：

第 12 章

新零售平台"富二代"的商业模式创新

> 我有个愿望,希望在我的墓碑上铭刻这样一句话:车建新是一个创新者。
>
> ——车建新

创新者主持人手记

访谈企业家车建新是在上海红星美凯龙闵行的旗舰家居商场，旁边就是红星美凯龙新打造的大型商场爱琴海购物公园，是上海最大的商业综合体之一，也是上海近几年最新崛起的网红地。

车建新的时尚，是为人所称道的。见到车总的那一刻，果然时尚气息扑面而来。他穿的西服可以看出是精心设计过的，很特别。

他是企业家中的"设计师"，他从送给太太的香水瓶中获取灵感，亲自设计出红星美凯龙新一代商场的优美造型。他致力于提升中国人的居家品位，成功打造出家居连锁的航母，做到家居行业的规模化。

他是最会赚钱的"木匠"，有着江苏商人的精明务实。他崇尚"鲁班精神"，他说"匠心就是创新"，用木匠对于家具的匠心来打磨一家企业。

他有着开放的格局，洞察时代的消费精神，拥抱产业互联网，玩转家居商业地产线上线下的一体化，形成"设计师是上端，家装公司是前端，线上线下一体化是方法"的独特而创新的商业模式。

他有着幽默的谈吐

和好玩的性格，公司内部员工都称呼他"车车"。他是乐天派，自称经商的灵感来源是他作为设计师的天马行空的想象和天生的乐观好动的个性。

他勤学习，爱读书，经常在企业内部举办读书会，请外部专家给员工上课。他理性中有感性，经常把人生感悟用文章记录下来在朋友圈分享。

他把家庭观念与家族企业管理理念融合得非常成功，与美的集团的职业经理人制度不同，红星美凯龙是典型的家族企业，车总的亲人们在集团担任要职，分工明确，其乐融融。

创新者画像

车建新，1966年6月18日生于江苏常州，红星美凯龙家居集团创始人、董事长兼CEO。30多年前，他还是一个平凡的小木匠，靠借来的600元钱开始了创业之路。从常州的农村起步，凭借自己的创新智慧和超乎常人的勤奋，花了33年时间，将一个手工家具作坊打造成为经营面积最大、商场数量最多、地域覆盖最广的"家具商场之王"。他引领了家居零售平台的三大创新，九次迭代，搭建了线上线下的新零售平台，并创立了"车式"创新方法论。他立志成为创新者，甚至决心把自己创新的尝试和探索加入墓志铭。

创新者绝招

匠心之上做创新

创新者论道

"车式"创新方法论

陈姝婷： 您本来的名字是叫车建兴，高兴的那个兴，但您的名片上却是车建新，新旧的新，您为什么给自己改名字了呢？

车建新： 爸爸妈妈起名字的时候，给我用兴旺的兴，但我喜欢用"新"，我觉得我应该叫车建新，车是往前开的，车子一边走一边创新，是不断前进的创新，不断刷新自我的创新，我就应该是这样的。

陈姝婷： 您改名是因为对创新的一种渴望？

车建新： 我本身读书不多，初中没有毕业，但是我不断地学习，看了1000多本书。我学企划、营销，学财务，学法律和管理，在学习中创新。

陈姝婷： 您立志要成为创新者，而且不断地在创新的路上进行尝试和探索，听说还要加入墓志铭，对吗？

车建新： 我是有这个愿望，希望在我的墓碑上铭刻，车建新是一个创新者。

陈姝婷： 作为家居行业的创新者，您提出的四种创新方法论，如何解读？

车建新： 我总结出来四种创新的方法论。第一种称为组合性创新。一个事物它是由几个因素组成的，将因素与因素之间交叉组合，组合出一个新思维，这个是组合式创新。第二种是推理式创新，从果推因。举个例子，牛顿发现万有引力，因为他在苹果树下看书，一个苹果掉到他的头上，他就从这个结果开始思考，最终推导出万有引力。第三种创新，就是演绎式创新。通过一个点，触发大脑的假想和演绎，来创造一个新事物。比如说乔布斯发明了苹果手机，是因为他看到一张张移动的PPT，于是开始思考手机的画面能不能移动呢，这样找出了一个新思路。还有第四种创新，就是整合了前三种方法，我称之为整合型创新。

陈姝婷：组合性创新、推理式的创新、演绎式创新、整合型创新，您分享的这四种创新模式充满了哲学思维，如果用一句话来总结的话，您认为创新是什么？

车建新：创新首先需要匠心，细节是魔鬼，不注重细节，是谈不上创新的。匠心加上四种创新方法论，就必定会有创新。创新应该说是红星美凯龙生存和发展的一个基本要素。

陈姝婷：为何您看问题的角度和很多创新者不一样？

车建新：我以前是个木匠，而家具有六个面，上、下、左、右、前、后，所以我们木匠看世界是立体的，我对事物的看法也是立体的。我研究出这种四种创新的方法论，我自己都很感到很激动，真的很开心。

线下模式的创新——"商场之王"的三大创新 九次迭代

回顾改革开放四十年，中国的商业发展之路可谓是风起云涌、波澜壮阔。在家居零售行业，国内品牌和国际品牌之间的较量、拼杀异常激烈。国际家居连锁巨头百安居、家得宝等先后败走中国，铩羽而归，中国本土家居零售企业却稳步推进，获得牢固的竞争优势。

其中，红星美凯龙成为当之无愧的佼佼者，引领着整个家居零售行业的发展方向。如今，红星美凯龙已在全国开办302家商场，成为行业龙头品牌。

主持人： 在红星美凯龙过去多年的发展过程当中，您认为创新的重要节点有哪些？有过哪些重大的创新？

车建新： 第一次就是我们的店刚开始都在仓库啊，厂房啊，或者开成临时街边店，后来我觉得做大市场不应该那么简陋，于是我就盖了商场，我的商场面积很大，过去的商场面积一般只有2万平方米，好像已经很大了，但是我的家具商场一盖出来就10万平方米、20万平方米！我用商场化的方式来做市场，这是第一次创新。

陈姝婷： 红星美凯龙为什么要做这么大的规模？

车建新： 我想方设法把我的好家具卖给千家万户。我总是觉得，大市场才能容纳百川，上千个商家品牌，成千上万款产品，全部都能呈现出来，这样消费者选择的余地大，总有一款适合他。

陈姝婷： 大市场的概念，超级卖场的概念，是您的一大创新。

车建新： 第二种创新呢，就是商场外立面要展示CI形象。我记得在15年前，全世界的科技已经很发达了，我想我们公司有什么高科技呢？没有。那么当时我决定，我们商业流通的高科技就是在设计上要体现科技，把商场的外形设计成CI形象，里面要设计成共享空间，布展也是情景化。这个CI形象是我出国帮爱人买香水，我看那个香水瓶特别漂亮，然后我就想，我的家具商场是不是能做到像香水瓶那样漂亮？就是像香水瓶那样的一个外立面？按照道理这是天方夜谭，但是我跟设计师说，一定要想办法把我的商场做成像香水瓶那样的。

陈姝婷：所以，第二次创新是外立面的 CI 形象。第三次创新呢？

车建新：第三次创新就是我们的内空间，我们让品牌做情景化布展，我要用情景化的共享空间来引导品牌，把家具布置成一个个情景，让消费者进入情景，促进购买。这是第三次创新。

红星美凯龙不仅在家居零售行业独占鳌头，更成为全球领先的大型商业 Mall 运营商。从最初的第一代商场到第九代"红星美凯龙家居艺术设计博览中心"，从引领消费者"买家居"到"逛家居""赏家居"，红星美凯龙始终以创新为发展原动力，不断调整优化商业结构，重新定义和引领行业。

车建新：红星美凯龙这种家居连锁的模式，这种卖场的模式，我们称为红星美凯龙家具 Mall，现在我们的家具 Mall 已经成为全世界最大的 Mall，家具 Mall 的这个模式，也引导了我们同行，也推动了整个行业。

陈姝婷：在过去多年的创新迭代当中，红星美凯龙的每一代商场，都有哪些本质的区别呢？

车建新：我们的第一代商场是租的，只是简单地卖家具；第二代，是我们自己买地建商场，比第一代的商场好看一点；第三代开始有统一形象的外立面；第四代把外立面形象又提升了，原来是蓝色，后来提升成灰蓝色；后来商场内部开始升级，做成情景化的共享空间。到现在的第八代，使用 CI 的外立面，特别做了非常绚丽的夜灯光。第九代在浦东金桥，是保罗·安德鲁（全球知名设计师）帮我们设计的，设计成一个蜂巢的造型。

2013年4月,由全球顶级建筑师保罗·安德鲁设计的红星美凯龙第九代商场——位于上海浦东的红星美凯龙家居艺术设计博览中心正式揭幕,这成为中国家居的又一大全新地标,也是红星美凯龙最新一代的创新成果。

车建新: 我们每一代商场的改变,都是希望让商场变得更有品位、有档次,让消费者愿意来,并且印象深刻,进来以后不想走,用情景化的家居体验勾起他们的购买欲望。

在体验感的打造和提升上,红星美凯龙的核心做法是营造浪漫卖场。车建新的想法是,要让消费者像逛公园一样逛卖场,要营造一种像家一样的温馨浪漫的家居卖场,向消费者呈现赏心悦目的家具,营造充满唯美浪漫气息的空间氛围。他们的服务做得十分精细,让家居产品的内涵、品位和魅力在红星美凯龙的平台上强烈地散发出来。车建新并不满足于红星美凯龙只扮演一个"房东"的角色,而是更倾向于将自己当成家居行业的"品牌孵化器"。

创新点睛

把普通的市场打造成超级Mall,通过外部设计和内部空间场景的创新迭代,带来体验感的提升,是红星美凯龙这一阶段创新的核心。另外,经过不断的升级迭代,实际上红星美凯龙已经创造出一种新的商业模式,那就是多业态的混合。比如其第八代产品,已经是混合业态的家居卖场,核心在于体验式购物,集购物、餐饮、休闲、娱乐、服务五大功能于一体。在中国的家居行业,红星美凯龙是最早的"体验式购物"的倡导者,颠覆了家居卖场销售产品的传统。

线上模式的创新——家居行业的新零售平台

最近十年，电商强势崛起，极大分流了传统渠道的客流。在电商强烈冲击传统行业的今天，曾经自喻"最不受互联网改造"的家居行业也感受到了来自电商的压力。为了尽量减少电商对行业的冲击，家居行业里不少商家借鉴线上操作思路，通过线下活动以大幅折扣和体验式促销方式吸引用户，希望以此对抗电商，但这显然只是"掩耳盗铃"。

面对不断上升的租金成本、如狼似虎的电商抢食，家居行业迎来新一轮洗牌。传统家居卖场客流量逐年下滑，整个行业都酝酿着一场变革。居安思危，红星美凯龙早早踏上转型之路：它改变思路，顺势而为，化对抗为融合，拥抱互联网，融入线上时代。

陈姝婷： 每一种商业模式都是优点与缺点同在、盈利与风险共存。随着电商时代的到来，一味扩大线下零售业的规模，似乎已经行不通。早在2012年，红星美凯龙就开始发展线上零售业。那么红星美凯龙在线上的战略是什么样的？有哪些创新？红星美凯龙具有怎样的互联网思维？

车建新： 我们已经做了三个线上平台，第一个是新零售平台，第二个是设计师平台，第三个是家装公司平台。这三个平台对我们销售起到了比较大的作用，设计师是我们的上端，家装公司是我们的前端，线上线下一体化构成了我们的新零售平台。

家居行业数字化 碎片用户的超级拼图

众所周知，家居行业面临市场的急剧转型和消费升级，各种困扰不断。其一是高离散性，用户分散、品类分散、品牌分散、产品分散、渠道分散、场景分散、决策要素分散;其二是高关联性,比如用户与设计师、施工方、监理、商品导购有关联性,床与床垫、地板与地暖、空调与吊顶、橱柜与冰箱、工程与商品之间有关联性。另外,整个家装周期内,用户要购买近百种商品,历经20多个环节,这样一个系统过程具有高度复杂性。正是这一种相互关联和牵制,导致家居行业营销、运营、研发的效率较低,并且难以快速高效自迭代。

在家居行业市场大环境压力倍增的时候,红星美凯龙做出了战略决策性的一步——联合腾讯,实现家居行业的智慧营销升级。2018年10月31日,红星美凯龙正式与腾讯建立全面战略合作伙伴关系,公布双方首个合作成果——IMP全球家居智慧营销平台。

陈姝婷:红星美凯龙和腾讯达成了战略合作,这会对未来整个家居行业的发展和变化带来哪些影响?

车建新:我们和腾讯是全面战略合作,他们帮我们引流,帮我们做技术指导,我们共同设计了一个全球家居智慧营销平台,2018年"双十一"就产生了巨大的收益,我们的销售比2017年的"双十一"提高了50%。

陈姝婷:"双十一"红星美凯龙取得这么好的成绩,除了跟腾讯合作以外,还有什么其他原因吗?

车建新:和腾讯合作是一个最重要的推动剂,使得我们特别重视"双十一",重视线下和线上的各种营销手段,以前我们可能还不够重视。

创新点睛

无论是 C 端还是 B 端的痛点，根源都是家居营销难以实现高效连接。红星美凯龙与腾讯的合作，就是为解决阻碍家居行业发展的痛点做的创新。IMP 全球家居智慧营销平台就像是一个"超级连接器"，将不同的家居品牌连接起来，将家装周期内不同阶段之间无缝连接起来，接入 IMP 平台的家居品牌可以更准确地找到自己的用户。每一个潜在用户是不是在家装周期内，处于哪个环节，下一步需要什么商品和服务，具体有哪些偏好，强大的连接能力实现了将"碎片化的用户画像"进行完整拼接。

团尖货 线上线下的新营销

利用线上线下一体化解决方案，提供专业的整体家居销售服务，红星美凯龙与腾讯战略合作后的首次大促创造了家居行业新的里程碑——"团尖货"11·11 大促，全国商场成交额突破 160 亿元，笑傲整个家居行业。

车建新：我们还注重文化营销和品牌营销，特别是我们创造了团尖货的营销方式。

陈姝婷：团尖货是什么意思呢？

车建新：就是拿出特别的几十款商品，组织 100 个人、1000 个人来买，有团购的意思，但团购的是尖货，就是特别好的产品，并不是将差的或者一般的产品拿出来打折销售。

红星美凯龙和腾讯的合作，是家居行业数字化的第一站。2019 年 5 月，红星美凯龙与阿里巴巴签署战略合作协议，宣布在新零售门店建设、电商平台搭建、物流仓配和安装服务商体系、消费金融、门店复合业态、支付系统、信息共享七大领域展开合作。红星美凯龙"龙翼系统"已经与阿里巴巴"喵零POS系统"实现对接,双方合作的首个成果——天猫"同城站"也于2019年落地。

2020年初,红星美凯龙更是深度参与家居直播的浪潮中,依托淘宝直播推出了"BUY家女王直播大赏"等一系列活动。红星美凯龙联合九大高端家居品牌发起的直播引发112万人次在线观看,跻身全淘宝直播前10名。红星美凯龙正在开辟为整个行业赋能的数字化能量场。

"富二代"的匠心与创新

陈姝婷: 现在无论是消费升级还是行业的转型升级,都是为了提高生活质量,那您对美好生活的理解是怎样的?

车建新: 美好生活,我觉得就是品质和品位,这与豪华无关。我一直倡导我们不是卖家居用品,我们卖的是生活方式,通过情景化的展厅,让消费者体验美好的生活方式,同时借鉴参考,设计出有品位的家。我在20年前就提出这个理念,以提升中国人的居家品位为己任,这是我们的企业使命。

从产品到渠道的创新

陈姝婷: 我们现在回到产品本身,您曾在红星美凯龙2017年鲁班文化节上讲过这样一句话:中国人对美、对设计的追求正在爆发,这股热潮将带动工匠精神的复兴。您的偶像是鲁班,鲁班精神赋予了红星美凯龙什么样的内涵?对您的创业带来什么样影响?

车建新：鲁班是古代的创新者。我说的鲁班精神主要是四个字，就是匠心和创新。一丝不苟地追求，就是匠心。鲁班创新了很多工具，我们每年都搞鲁班文化节，能够促进我们不断地创新，不断地吸收新的管理理念，产生新的经营方法。

陈姝婷：您创业的初衷是什么？

车建新：我14岁的时候，帮助我妈妈在农村务农。那天下着雨，我负责挑秧，我当时就暗暗下定了决心，绝不能干一辈子农活。我要先苦后甜，这是第一个动力。创业了以后，因为我做的家具特别好，所以就想把家具卖给千家万户，这是我的第二个初衷。

1982年，改革开放荡漾起微微春风，中国农村开始出现了个体户，他们大多靠着一门手艺谋生。穷人家的孩子车建新离开了学校，开始学做木工。这一年他16岁。四年后，已具备高级木工水平的车建新向亲戚借了600元，开始了未知的创业之路。

陈姝婷：您是白手起家，却说自己是"富二代"，您的家庭对您的影响是什么？

车建新：我爸爸从小就特别勤劳，10岁就去割草、放牛，12岁就去工地上做工，学瓦工。爸爸留给我的是六个字：勤劳，正直，俭朴。勤劳，才能够生存；正直，才能把人做好；俭朴，才能持家。我的爸爸妈妈是创造了精神财富的富一代，我传承了这些精神财富，所以是富二代。

"富二代"车建新，幸运地赶上了中国的改革开放，中国的城市化建设，消费的升级，而父母留下的精神财富，也影响了他的创业之路。

凭借出色的手艺，车建新制作的新款家具，很快受到人们的喜爱，家具厂的收入也逐渐增多。几年后，有着敏锐市场嗅觉的车建新又创办了常州市第一家大型家具商场——红星家具城，紧接着，一家家连锁店快速上马。

陈姝婷：创业之路，从来都不可能一帆风顺。红星美凯龙也面临过生死考验。您在创业过程当中遇到的最大困难是什么？是怎么克服的？

车建新：在1995—1996年的时候，红星开始走下坡路，当时我们既有家具工厂，又有商场。家具商场做得也一般，家具工厂做得更差，我就想我该怎么办呢？

20世纪90年代初，红星除了经营自己工厂生产的家具品牌外，还代理了国内多家知名的家具品牌。1996年，在红星美凯龙的24家连锁店中，竟然有一半出现了亏损，这让车建新开始反思代理模式存在的问题。

车建新：1996年，我出国到欧洲去，一路上都在思考。有一次，其他人都去游玩了，我就一个人站在广阔的田野边上想，要是我爸爸在这，会怎么教我？我爸爸那个时候已经生病了，脑溢血，不会讲话了。我就把我自己代入爸爸的角色当中，对我自己说，儿子，做你喜欢做的事情；千万不要急功近利。于是，我后来就专注于家居商场，把工厂关掉不做了。不急功近利，一步一个脚印往前走，这样开始走向了成功的道路。

创新点睛

关掉工厂专注做商场,是红星美凯龙的一个重要转型。而在那个时候,家居售卖的商场模式,主要就是"进回来再卖掉,从中赚差价"的百安居模式。单纯模仿国外企业,不是所有的家居流通企业都能做得到的,也不是一条能走得通的路,中国的家居流通行业也需要有自己的创新。

从渠道模式到平台模式的创新

在数次带领团队去国外考察后,一个全新的模式在车建新的头脑中逐渐形成:从传统的渠道商向平台商转型,这是车建新经营思路的一次重大转变。在他看来,搭建一个家居销售的平台,而自己则分身出去,不参与具体的经营和销售,而是为这个平台上的家居企业和经销商提供统一的管理、售后服务,然后由红星美凯龙收取租金。

1997 年,红星美凯龙在江苏南京买了一块地,自己建造了家居商场。在商业模式方面,采用纯租赁的形式,即对于入驻卖场的家居企业和区域代理商收取租金,主要包含店铺租赁、促销金、营销、公共物业管理等费用。这一靠租金获利的模式不仅实现了"旱涝保收",而且在经营模式方面,比起品牌代理来说,也相对简单了许多。在南京试水成功后,"买地、建商场、招商、开业"便成了红星美凯龙的一套组合拳。车建新认为,买地是固定资产投资,可以降低成本,控制风险,还可以根据自己的需求建造商场。

买地建商场，确立平台商的经营模式，也让车建新有了意外的收获。从买地开始，红星美凯龙不经意间渐渐涉足商业地产，并且在这一领域表现得风生水起。不断上涨的地产市场行情，让车建新买下的那些地升值了20多倍，最高的达到30多倍。

陈姝婷：红星美凯龙除了家居板块以外，在房地产和投资领域也有涉及，具体的发展规划是什么？

车建新：在房地产行业，我们2017年有了300多亿元的销售额，在行业排名前100名以内；我们新建了爱琴海购物公园，就是购物中心的升级版，把房地产、家居、购物中心融为一体，还包括影院，也是对家居中心延伸性的发展。

对于外界评价"红星美凯龙更像是一家商业地产商"的说法，车建新说，红星美凯龙从来就没有把自己定位为一家商业地产商，只是在做商业的过程中无意中拥有了很多自有物业。红星美凯龙与商业地产商最大的区别在于，红星美凯龙从不出售自己的物业，而是自用。

创新点睛

从本质上来说，红星美凯龙通过房地产所得的收入已经超过主营业务收入。作为声誉良好的全国性品牌，公司帮助合作伙伴在和当地政府进行沟通时会较为顺利，而在联合拿地过程中，它只出品牌，并不出资。除此之外，公司对委托运营的商场，还收取150万~600万元的年度管理费。这样做的好处就是巧借外力，提高利润回报。所以它的盈利能力惊人。

陈姝婷：还有一个家居品牌，叫宜家家居，也是非常大的国际性的家居品牌。您认为红星美凯龙的商业模式跟宜家有哪些区别？

车建新：宜家是自主设计，它目前比我们强。然后OEM（贴牌生产），采用自营的模式，我们和它不一样的是，我们的平台上既销售建材、装修材料，也有家居用品，包括硬件。宜家以家居用品为主，而且是以简单的家具为主。从规模上来讲，它目前比我们大。但是我相信，我们在20年内一定会超过它。

陈姝婷：红星美凯龙几年前在香港上市，2018年选择在改革开放40周年的时候在A股上市，非常有纪念意义。红星美凯龙是家居行业里，第一个同时在A股和H股上市的企业，在A股上市给公司带来了哪些变化？

车建新：上市以后，对公司的发展、提升具有非常显著的意义：第一，使公司的资金充裕；第二，会促进公司更加规范化管理；第三，我们可以对团队进行股权激励。

陈姝婷：在A股上市之后，红星美凯龙的利润大幅度增长，在这样的经济大环境下，红星美凯龙是怎么做到这一点的？

车建新：2018年我们特别拼，做了很多的变革。第一，原来的营销体系是四个大区管控全国，现在变成一省一区的省级管理体制，一共有27个营销中心；第二，把发展和运营一体化；第三，强调文化营销和品牌营销，比如刚才提到的推出团尖货的营销方式。这几方面的举措带来了不错的整体效果。

陈姝婷：发展到现在，红星美凯龙已经成为中国家居行业的创新代表，未来的40年您有怎样的发展计划？

车建新：第一，未来的40年，我们一定要做世界第一；第二，我们要以提升消费者的家居品位为己任。

陈姝婷：现在很多人都在讲大众创业、万众创新，您对那些年轻的创业者有哪些忠告？

车建新：创业最主要的是先要有技能。我觉得年轻的创业者，最主要的是先学技能。技能是创业的法宝。钱是会花完的，也可能会亏掉，但是技能不会亏掉，技能只会越学越多，越学越精，让人越来越聪明。

创新解决方案

何刚　　　　　　　　　　　　　　　　　　　《财经》杂志执行主编

始终关注核心用户最真实的需求，然后用最大的诚意和能力，去不断地满足和引领他。

车建新所在的家居行业在中国有着千年历史，它的进入门槛不高；另外，企业家本身是木匠出身，有专业能力和技能，这两个条件为他的创新奠定了基础，创造了可能性。商业文明一定是出现在充分竞争的行业里。家居是充分竞争且快速迭代的行业，所以企业家精神能够真正发挥作用。车建新的国际眼光和触类旁通的思维，对于用户需求的满足和洞察，帮他打开了创新的大门，让家居这个行业变得规模化。

红星美凯龙与生俱来的平台思维，这是跟互联网最相通的地方。家居行业、建材行业，在中国有一个很大的特点，就是整体市场巨大，没有王者。在这样的一个市场里，平台的重要性和它的集散能力是不可或缺的。市场竞争和充分开放是红星美凯龙胜出的前提。家居用品跟一般的百货不一样，具有专业性、复杂性，包括对安全的把关，使得一般的电商做不了这件事情。所以，跟腾讯、阿里巴巴都能够实现合作，而不是被它们所取代。

秦朔
秦朔朋友圈发起人

一勤天下无难事，每天的太阳都是新的。

车建新提出的"富二代"说法，是指的他对父辈传统的一个传承。中国"创一代"企业家，他们的精神资源很朴素地来自于父母身上的一些特质，来自于家庭教育。他们虽然学历不高，但是热爱学习，也善于学习。他们拥有强烈的求知欲，不仅学知识，还不断提升资本运作能力。这种学习能力特别关键。

红星美凯龙搭建了设计师平台，我希望中国的原创自信和文化自信能够崛起于此，也帮助更多的中国制造变成中国创造。随着时间的推移，坚持10年、20年之后，我们购买高端家具时，不再只是简单地想到国外品牌，也能想到一些中国的原创品牌。

这样一种品牌、文化、审美、设计共同构建的生态，才是我们所期待的家居消费生态。

吴声
场景实验室创始人

车建新的成功，首先是抓住了全球化红利，其次是坚持用户驱动，同时具备生态思维，也就是产业互联网的本质。

车建新另一个非常重要的创新是帮助商户和品牌去做情景化的布置，这反映了车建新开放的格局，能洞察到这个时代的消费精神。

通过场景化的设计,他重新构建了家居生活方式,引领了体验式消费。每一个细节背后都是厚积薄发的结果,内容与形式的完美结合。也正是因为红星美凯龙的个性化,对消费体验的积极迭代,成为红星美凯龙不被互联网巨头替代的根本。

第 13 章

硬科技创新打造中国红外芯

> 创新是社会发展的核心和灵魂,也代表着社会的未来,是社会进步最重要的源泉。
>
> ——黄立

创新者主持人手记

因为要访谈中国民营军工企业第一股——高德红外的创始人黄立,第一次来到武汉光谷,这里是武汉高科技企业及创业企业的聚集地。

黄总为人儒雅、低调,但他又以高调引领的姿态立足于行业的前端。从小在部队大院长大的他,有着军人的英气与正气,胆识和魄力,他舍得把上市融来的钱全部砸到科研上,坚持自主创新,掌握核心科技。他有着军人的情怀与爱国抱负,他放弃"铁饭碗",坚持创业,是因为想做有价值的事,不能辜负人生。

公司的人都知道黄总的爱好是踢足球和唱歌。黄总经常带领高管们在园区的足球场上组队对攻,既减压又锻炼身体。平时也会组织员工运动会和足球比赛。每年的企业年会,黄总都会高歌一曲。在我们节目当中,插播了一首黄立演唱的《贝加尔湖畔》,水平不亚于专业级歌手。

黄总写得一手好字,他常在总裁办公室练练书法,以净心明志。

2020年由于新冠肺炎疫情,黄总是最忙的。在武汉"战疫"最艰难的时刻,他每天都在奔波,动员全体员工加紧生产国家急需的红外测温仪器。

黄立说,他希望能不断创新,实现高德人自己的技术梦想,也肩负起这个时代国家军工技术的责任和使命。

创新者画像

黄立，武汉高德红外股份有限公司创始人、董事长，1963年6月出生于西安。他是一名优秀的工程师、科学家。二十年前，他从科研院所辞职下海创业，投入全部身家，自主研发红外热成像技术。十年磨一剑，终于突破西方国家的技术封锁，把红外热成像技术做到世界一流！专注于红外技术在民用、军用领域的研发与应用，创造了一个个奇迹。

生于军工家庭，长在军工大院，儿时的军工梦，依靠科技的自主创新开花结果。

创新者绝招

技术过硬，敢赌敢拼

创新者论道

陈姝婷：您认为创新是什么？

黄　立：创新的含义有很多，具体到我们这个领域来讲的话，更多的是指科技创新。

陈姝婷：公司每年在科技研发的投入占比多少？

黄　立：我们每年营业收入的百分之二十多都投入研发方面，应该还是比较高的。

陈姝婷：听说你们有上千人的研发团队？

黄　立：没错，我们的科研人员大概有1000人左右。我们就是一家高科技公司，靠技术吃饭，靠产品吃饭，特别是靠核心技术吃饭。

陈姝婷：高德红外，顾名思义，核心技术和产品一定和红外技术有关，这个能否给大家普及一下？

黄　立：红外热成像技术是一种非常新的技术，应用范围非常广。它可以完全不需要光线，把物体拍得非常非常清楚。在需要夜视的情况下都可以用得到，比如车辆的无人驾驶，利用红外热成像技术可以自动探测前面有没有障碍物，不受光线影响。未来可以实现在恶劣条件下安全驾驶，甚至自动驾驶；还有可以用在安全支付上。大家都知道苹果手机可以刷脸，刷脸支付的话，如果有红外热成像技术作为辅助，可以实现活体识别，支付就会变得非常安全了。因为每个人的皮肤血管分布不一样，每个人脸上的温度分布都是有特征的；还可用于平安城市建设，利用红外热成像技术，可以在晚上或是一些特定区域，在完全无光的情况下实现安全监控。

陈姝婷：非常让人期待，这个技术的实现还要多长时间？

黄　立：这些技术现在已经都有了，我们的模组都已经研发出来了，算法等各方面也都在完善。

从创业到创新

"人的一生应当这样度过：当回首往事时，不因虚度年华而悔恨，也不因碌碌无为而羞耻。"20世纪80年代，就读于华中科技大学电信系的黄立，读到《钢铁是怎样炼成的》这本当时家喻户晓的苏联小说时，内心激情澎湃。毕业后，黄立到省电力局研究所工作，一干就是10多年，获得了20多项科技成果，36岁时已经是中层干部。然而，不能虚度年华、不能碌碌无为的想法以及保尔式的激情，总是让他觉得不能一辈子这样下去，总得干成个什么事。

陈姝婷：一般来讲，学历越高的人是越不容易去创业，因为舍不得放弃优越稳定的生活。您从研究所辞职出来创业，做这个决定时想好了吗？

黄　立：我在电力系统的研究院上班，工作稳定，待遇也非常不错。但还是感觉应该做一些更有价值的事情，让自己在未来能够回味，特别是认为自己在专业上技术上还是有很多好的想法，有创新的一些想法，希望能把它变成现实。

陈姝婷：您创业时，中国的经济和社会背景是什么样的？有没有一些参照物？

黄　立：我离开原单位是1999年，那个时候应该是国家的第二波创业潮吧，那个时期正值国企改革。第一波创业潮是20世纪80年代的后半期，这一批创业者应该说特别有勇气，特别能吃苦，他们为改革开放趟出了一条路。我们90年代末这一批创业者，可能有不少人都是从国有企业、政府部门或者高校里出来，还有不少海归，更多的是从事高新科技的一些研究。如果说参照物的话，我觉得阿里巴巴可能就算是一个。

陈姝婷：您在创业的过程当中遇到的最大困难是什么？

黄　立：还是缺资金，刚开始的时候我的注册资金只有30万元，是我工作12年所有的积蓄。但是要想从事高科技，特别是红外线技术，这个投资显然是杯水车薪。

创新点睛

与第一代"84派"创业者不同,第二代创业者普遍有良好的教育背景,更开阔的视野,更长远的规划,同时占有一定的社会资源。然而相同的是,在任何时代,初创企业都会面临市场、人才、技术的困难,而最大的困难,一定是资金的困难。在当时,没有风投、众筹、科创板、小微贷等融资渠道,企业的资金来源基本上以自筹为主,而对于高投入的科创公司来说,能够成功的可以说是凤毛麟角。

主持人:那是如何克服资金困难的?

黄　立:靠自己的努力,把技术做得越来越好,把产品做得越来越好,不断做产品、卖产品,积攒每一分钱。

主持人:那您当时给自己预设的目标是什么?后来实现了吗?

黄　立:非常坦率地说,当时创业初期我们并没有太高的目标。第一个是希望多挣点钱,第二个是希望看看这一辈子自己到底能做出些什么事来。

主持人:第一步的小目标几年实现了?

黄　立:可能三四年吧。

主持人:三四年就能实现财务自由,这可是许多人一辈子的梦想。

黄　立:除了我们自己的努力以外,运气的成分也很大。我们在1999年成立的公司,2003年的4月就遭遇了"非典"疫情,对国家来说,也是飞来横祸。"非典"有一个最重要的特征就是发烧,我们的这个技术正好可以实现对体温的测量,在非接触的情况下,我们立刻就能知道人的体温,当时为国家消灭"非典"疫情也是做出了一定的贡献!

创新的三场战役

为应对突如其来的"非典"疫情,高德红外成为首都机场等多个场所唯一的红外测温设备供应商,对阻击"非典"疫情功不可没。挖到第一桶金之后,高德红外开始了创新的历程,打响了创新的三场战役。

第一场创新战役:中国红外芯

2010年,高德红外在深交所成功上市,黄立以68亿元身家首次登上"胡润百富榜"。财富的魅力不在于上榜,而在于助推事业和梦想。黄立将上市募集的近20亿元全部用于研发,吹响了创新首场战役的冲锋号。

黄　立:上市以后就不一样了,我们IPO拿到募集资金20亿元,一下子就变得有钱了,有钱了才会做后面的一些事,包括研发芯片等。

主持人:实现财务自由以后,您并没有停止前进的步伐,又开始了高科技芯片、红外芯片的自主研发,您为什么想要这样去做技术创新?

黄　立:物体的分子运动自身辐射的红外线非常微弱,要把这个图像拍出来,一项核心的关键技术就是红外探测器。红外探测器的芯片以往我们国家自己不能生产,只能靠西方国家提供给我们,而西方国家对这方面的技术严密封锁,我们只能够买到一部分欧洲低端芯片,即使这样,还要受各方面严格的限制,比如数量方面不会有很多,性能方面不是很好,用途方面也是不能够军用或者用于其他。所以我们感觉,如果不掌握核心的芯片技术,我们国家的红外技术永远不可能独立自主，也不可能做出好的红外热像仪。红外热成像产品不仅仅是民用，同时也是国防上非常重要的一项技术，是夜战精确打击最主要的技术平台。如果没有这个器件，我们也做不了这样的国防产品，国家的武器系统和装备也不可能上得去。

陈姝婷：技术被人卡着脖子，对于企业，对于国家，都是一个坎，企业有责任去打造中国"芯"。

黄　立：所以无论是从企业的发展，还是国家这个行业的发展，我们都有责任，一定要把红外探测器芯片技术掌握在自己手中。所以公司上市以后，我们把所有的钱，不管是市场上募集来的，还是我们赚得的利润，还是贷款，几乎全部投入芯片的研制过程中。当然，这个风险是非常巨大的，非常非常巨大的！

陈姝婷：科技芯片的创新，需要高投入，而且是高风险。难度大，不一定能研发成功，迭代也快，也许研发出来了，这项技术又过时了，对于这件事您哪里来的勇气？就没有担心过会失败吗？

黄　立：可以从两个方面说。一方面确实需要巨大的勇气，鼓足勇气的过程中，我们也经过了仔细的论证。从另一个方面来讲，其实也是被逼的。作为一个做红外热成像的公司，如果不掌握这项核心技术，我们的命脉就是全部在人家手中，随时可能灭亡。如果这一关过不去，早晚也是死。如果过去了，那可能是另一番天地。我们将会成为这个领域的佼佼者，甚至掌握整个红外领域的命脉。所以我们必须得突破。

陈姝婷：所以一是自己有这个勇气，二是也被逼上了闯关之路，那后面是如何幸运过关的？

黄　立： 因为红外探测器比一般的芯片敏感得多，所以西方对这项技术的控制和封锁要比其他的芯片技术严密得多。我们在这样一个严密封锁的情况下，包括设备、人才、技术、材料全都是封锁的情况下，完全靠自力更生，把这个芯片技术真正地攻破了，实现了完全的国产化，百分之百的自主知识产权，并且实现了批量生产，建立了我们完全自主可控的生产线。所以这一路走过来，确实是惊心动魄的！

陈姝婷： 这个红外芯片的研发周期有多长？

黄　立： 我们从 2009 年开始这个工作，真正把整个芯片做成应该是在 2017 年。差不多是八年。

陈姝婷： 当时其实国家的很多科研机构也开始研发红外的芯片技术，也投入了很多的资金，甚至几百亿元也砸进去了，为什么高德红外能够取得这样的成就？

黄　立： 第一个方面，我觉得取决于对这件事情是不是有必胜的一个决心，破釜沉舟的决心。第二个方面就是体制机制，我们是一家民营企业，砸进去这么多的钱，相当于是把我们的身家都押进去了，所以必须要成功。

陈姝婷： 可以说中国红外芯的成功研发，将高德红外的后续创新带入了阳光大道。

黄　立： 掌握了核心的芯片技术，为我们做红外热成像的整机提供了非常宽的护城河。同时我们现在的芯片技术跟国际上最先进的一代来比，也在同一个水平上。这为我们长远的发展提供了核心的竞争力。

> **创新点睛**
>
> 面壁八年图破壁,创新遭遇的挑战越大,机遇也越大。要想"红芯闪耀",首先要有红军不怕远征难的精神,做好十年磨一剑的心理准备。在任何成功的关键时刻,更多靠的是意志,是坚持,做创新就要有这种精神。

陈姝婷:芯片研发投入大,但是回报的周期也比较长,这项技术的突破,对公司的利润贡献在哪里?

黄 立:公司的盈利来自于多方面的业务,芯片一直到2018年才开始实现盈利,在这之前全是投入。整体盈利水平还是不错。另外,我们2018年开始小批量生产红外探测器,它的盈利就有1亿多元了。在未来,我相信这会是公司利润的非常重要的一个来源,也会成为公司腾飞的动力。我们公司的发展分为两个阶段,第一个阶段是投入的阶段,打基础的阶段,或者说是核心竞争力的构造阶段。这个阶段,我们在2018年底基本完成。第二个阶段,从2019年开始,芯片技术开始大批量地投入应用,广泛的应用,使得我们的效益快速提升。

陈姝婷:这个领域的利润率有多少?

黄 立:用毛利率衡量比较好,我们这些年的毛利率一般都在50%以上。

陈姝婷:可贵之处在于,获取高额利润、超额利润,有相当一部分用于长期的发展和持续的科技创新。

创新点睛

科技企业创新有一个关键的特点,它不是商业模式的创新,而是拥有某种独特的技术和研发优势,满足了某个方面特定的需求,这个需求有一定的空白和窗口机会,在研发成果和窗口机会共振的这个时间点推向市场,就会产生巨大的爆发力量。

第二场创新战役:军民融合

高德红外创新的第一场战役,以红外芯核心技术取得的突破而大获全胜。随时处于战斗状态的高德团队,在2004年又马不停蹄地打响了创新的第二场战役,成功进入军工领域,成为国内第一批获得军工资质的民营企业。

陈姝婷:在实现了芯片技术的自主研发,完成了红外探测器的完备生产线之后,又开始了第二次的创新?

黄　立:创新其实永远在路上,你做了一个东西,肯定就会发现前面还有东西要做。红外热成像它本身除了民用以外,确实可以大量地应用在军用方面,或者在国防上面,如夜视夜战,精确打击等。

陈姝婷:为什么刚刚打完一场红外芯的大战役,又立刻打响了军民融合的创新第二战呢?

黄　立:也是偶然的机遇吧,当时国家在这方面研究了很长时间,一直没有取得突破,我们知道这个事以后,觉得我们的专业技术也许能够做得比较好,同时我们公司也一直有创新的基因,所以我们自筹资金,把这个任务承担起来。

然而，常规的红外热像仪，是无法直接投入军用的。要设计用于武器系统夜战的红外系统，必须依据光学（红外和可见光）、机械结构、电子线路、人工智能图像处理等综合原理，需要根据原有武器装备的特点，针对性地设计，不仅要保证原系统的作战性能，还要提升其夜间打击的准确性。

陈姝婷：投入军用的红外系统，可以说要求更高，这对高德来说，挑战更大。

黄　立：通过大家几年的努力，这套系统做出来了，效果还不错。对于民营企业来讲也是很难得的一个跨越。

陈姝婷：我们说高手在民间。军民融合，也是国家政策上的创新。

黄　立：我觉得最主要的还是要感谢党和政府在军民融合方面的开放的态度，才有了民营企业能够从事武器系统研制的可能性。

如今，高德红外的多种类型光电系统已装配到国内外多军兵种，已实现红外夜视、侦察、制导、对抗等多任务军事应用。2015年，高德红外又做了件让人想不到的事——首开民企收购重组军工企业先河，收购了位于湖北襄阳的湖北汉丹机电有限公司。高德红外也将实现由系统配套厂商向完整导弹武器系统制造商的飞跃。

创新点睛

回顾硅谷发展的历史，有一个比较重要的经验，就是政府是一个采购者，不是亲自组织去搞创新。高德是一个非常典型的军民融合的例子，中国军队装备的科技化升级迫在眉睫，民营企业参与军工的生产，是一个重要的机会。

第三场创新战役：无人机

没有做不到，只有想不到，这是黄立的人生格言。这位充满激情的科研工作者，不仅把兴趣做成了事业，还在科技与创新的路上越走越远。在构建完成从底层红外核心器件到综合光电系统，再到顶层完整武器系统的全产业链研发生产体系之后，高德"迫不及待"地发动了创新的第三场战役。

陈姝婷：听说您现在又步入了一个崭新的领域——无人机，能跟我们分享一下吗？

黄 立：无人机也是我的爱好之一，别看无人机不大，但其实里面涉及的科技内容非常多，涉及的专业也非常多。我们做红外系统的一些应用，都涉及这样的一些技术，所以有这样一个技术的基础，我觉得我们应该可以做更好的无人机。另外我觉得无人机确实是一个非常有前景的领域，市场前景很广。

陈姝婷：目前市场上有很多企业都在做无人机，包括大疆，您认为高德红外做无人机有什么差异化的竞争优势？

黄 立：大疆是一家非常了不起的公司，我觉得我们要好好向他们学习。大疆目前是消费无人机里面遥遥领先的。从技术层面来看，大疆领先的原因有两个：第一，它把整个技术链条全部打通了，比如4K高清晰度成像和调光，三轴云台的稳定技术，自动避障技术，GPS导航……它不但把每一个技术都打通了，而且全部自己掌握。第二，它把这些技术在一个芯片上集成化，而不是用好多个子系统串起来的。这样的话它可以把系统做得非常轻巧，非常便宜，功耗也非常低。

陈姝婷：高德在技术上可以做到吗？

黄　立：在这个方面，我们200多人的研发团队花了两年多的时间，也做到了用单芯片实现了全系统的集成。从这个角度来讲，我们具备参与消费无人机的可能性。同时我们还有一些独到的优势，比如无人机的工业用途，肯定红外是最好的。无人机还可以用来探测，比如抓捕逃犯，动物保护，环保，电力上的故障检测等，都要用到红外，而红外是我们的强项。我们还有一些优势，比如在通信方面我们也非常专业，因为我们的很多通信技术用于军用，抗干扰能力非常强。

2014年，高德红外成立研发无人机的公司——普宙飞行器科技（深圳）有限公司。同年9月，普宙发布了全球首款折叠式无人机。然而，在外界看来，普宙在发布完第一代产品之后便沉寂了，其实这个阶段正是公司"闭门造车"的两年。2017年9月底，普宙再次亮相的时候，黄立已经有底气挑战行业龙头了。第一是有了完整的分项技术，第二是做出了高度集成的单芯片。

陈姝婷：公司以后会在消费无人机和行业无人机两方面发力吗？

黄　立：在消费无人机方面，我们希望提供性能更好、更优雅的一种无人机的生活方式。在行业无人机方面，我们实际上是推行行业无人机的平台模式，用一体化的全系统技术，做出最好的行业无人机，并且批量生产。

陈姝婷：无人机的平台模式，也是一种创新的模式吧？具体是如何运作的呢？

黄　立：我们会把整个无人机技术全平台开放，提供给无人机行业的其他制造者，这样其他制造者就不需要从最底层的一些基础工作做起,而是可以按照各自的特殊要求,重新设计或定义他们自己的产品。这种行业无人机的平台化概念,我们称之为安卓模式,哪怕你们挣大钱,我挣小钱也成,这样的话可以实现整个行业共赢。所以这是我们的一个理念,或者一种新的商业模式吧。

在智能手机行业,苹果以一个封闭的系统一家独大,而谷歌则将安卓系统开放给其他手机厂商,三星、华为、小米、OPPO 等都是基于谷歌去开发 UI,形成庞大的安卓系。黄立觉得普宙要把最好的产品体系开放出来,未来的市场不应该是产品本身,而是一个无人机的开放平台。

创新点睛

随着中国的空域更多地开放,无人机结合人工智能,未来的想象空间巨大。以前主要做面向企业和政府采购市场的高德红外,如今要切入消费无人机领域,要真正做面向普通消费者的市场。如何去拉近跟消费者之间的关系,这对以研发见长的高德红外来说,是一个新的、陌生的挑战,需要在市场上、营销上做更多的创新开拓。而开放平台的概念,则是黄立在商业模式上的创新。

战役——战疫

2003 年抗击"非典"疫情的时候,高德红外研制出的国内第一代红外人体测温设备立下"汗马功劳"。17 年后,2020 年,新冠肺炎疫情突如其来,而这时的高德红外,不仅攻克了红外探测器核心芯片研发生产技术,还将人工智能、人脸识别等技术运用到不断迭代的红外热成像测温产品中。公司投放的高德 IR236 系列红外体温快速筛查仪，采用第四代红外探测器，能够对大规模人群进行快速体温测定。

2020年春季，位于武汉的高德红外，又开启了一场新的战役。黄立带头返岗，指挥公司员工顽强作战，生产、调度不分昼夜，以每天1000台的速度，争分夺秒地完成了生产计划。由高德红外生产的2万多台热成像测温系统安装到了包括武汉火神山医院、雷神山医院以及全国20多个地区的医院、车站、机场等人流密集场所及大型企业、学校等场所。

创新的个人梦、团队梦、国家梦

陈姝婷：高德最核心的优势在于科研能力，那么，在科研的机制方面和人才激励方面有哪些创新？

黄　立：第一，我们对科研人才给予高度的重视，这个我觉得是最重要的。第二，我们给他们提供比较好的科研条件，当然还包括其他方面的一些条件。第三，我们的企业文化能够把大家凝聚起来。因为我本身也是科研人员出身，我觉得作为一个科研人员，收入固然很重要，但一定不是全部，因为每个科研人员都有自己的梦想，都要实现自己的价值，辛辛苦苦学了十几年，肯定不仅仅是说为了挣点钱，他们都有自己的学术梦想或者技术梦想。

陈姝婷：在创新方面，您是把创新的个人梦想和团队梦想、国家梦想都结合了起来。

黄　立：我们现在从事的工作，是团队作战的形式，每个人的技术只是其中的一个步骤。比如做材料的，他只做材料，但是要做出芯片来，可能有几百道工艺，他在里面只是其中一个片段，可是，我们整个团队结合在一起,就能够干出一些大事来。

不追求名牌,不搞高消费,不抛售公司的股票,不搞金融、房地产。黄立为人质朴、儒雅、低调,但他的事业又总是以高调姿态领跑于行业前沿。高德红外也是目前国内唯一一家"非制冷探测器""制冷型碲镉汞"及"二类超晶格红外探测器"三条核心器件生产线全部达到批量生产条件的厂商,并且是完全自主可控的三条生产线。

黄　立:不仅仅是把这个技术研发出来,甚至我们很多技术都应该说超越了西方发达国家的水平。同时我们把成本还做到了非常低。

陈姝婷:中美贸易摩擦这个话题广受关注,尤其是华为芯片被"断供"的事件,您认为中国芯片的自主研发创新的道路未来该怎么走?

黄　立:我不敢妄言,但是根据我们一路走来的经验,我有这几点体会。第一,核心技术必须掌握在我们自己手中。第二,我觉得中国人要有志气,从我们走过的路来看,我们完全有能力做到在芯片方面掌握自己的命脉,完全有能力实现高性能芯片的国产化,我们一定要有这样的信心。第三,要有脚踏实地的作风。因为要研发芯片绝对不是一天两天,甚至都不是完全靠砸钱能够砸出来的。一定要耐得住寂寞,要专注,一点一滴地从底层做起。第四,芯片一定要跟产业结合起来,它的主战场应该在企业。花那么多钱,如果做出来只是报一个成果,写个报告,申请一些专利,是没有用的,不跟产业结合起来,不可能实现迭代,也不可能持久。

陈姝婷:如何做到跟产业结合起来?

黄　立：再先进的芯片，它都是有缺陷的，哪怕是最先进的芯片做出来，也一定要大量地应用到实际的产品中，不断地吸取一些改进意见，并且一定要在这个应用的过程中获得大量的利润，才能够把利润重新反哺到研发和生产过程中，然后再做出更先进的芯片，只有这样才是可持续发展的。

陈姝婷：您对未来40年有怎样的寄语？

黄　立：未来会越来越好。我们国家在科技方面的步伐会越来越快。我们不应该辜负这个时代。我们应该继续沿着科技强国、实业强国这条路，专心致志地把我们的核心科技打造好。瞄准世界的前沿，做世界的领航者。

创新解决方案

秦朔　　　　　　　　　　　　　　　　　秦朔朋友圈发起人

中国真真正正的创新活力在民间，最早给我信心的就是黄立。中国的军事工业未来的发展，有相当部分要靠民企以及军民合作。对于一些所谓"卡脖子"的技术，关系到我们核心命脉的一些技术，国家会有更大的支持的力度来推动它的发展。

钱军　　　　　　　　　　　　　复旦大学泛海国际金融学院院长

黄总是专业加创业这个组合的最好发言人。他有非常深厚的、多年积累的专业知识，而这种专业知识至少在一定的时间内是资本市场，包括实体经济，都特别需要的。

第13章　黄立

硬科技创新 打造中国红外芯

何刚　　　　　　　　　　　　　　　《财经》杂志执行主编

理性和有计划地做自己能做的、擅长的事情，始终是有追求和有能力的企业应该坚持的。

他是这一类企业家的代表，受过良好的教育，具有更开阔的视野。他们那个时代创业的成功，激励了更多的后来人。黄立的成功让后来人看到，如果投入同样的时间成本、机会成本，用5~10年时间去创业，和做职业经理人或在公司任职比较，可能会十创九败，但是仍然愿意给自己这种成功的10%的可能性。